EL MANUSCRITO
DEL PURGATORIO

Sor María de la Cruz

EL MANUSCRITO
DEL PURGATORIO

DIDACBOOK
Editorial

Este manuscrito ha sido revisado y aprobado por diversos teólogos, que han afirmado que no contiene nada contrario a la doctrina católica. Se publica como un documento puramente histórico y con todas las reservas prescritas por la Iglesia, según el decreto de Urbano VIII.

Imprimatur (de la versión francesa original)
Joseph Palica, Arzobispo Vicario General de Roma.

Título original: *Le Manuscrit du Purgatoire*

© Didacbook, 2017
Sagasta, 6
23400 - Úbeda (Jaén)
www.didacbook.com

Traducción: Ricardo Regidor

Diseño de portada: José María Vizcaíno

ISBN: 978 84-17855-30-7

Depósito Legal: J-112-2024

Índice

Prefacio del editor

Sor María de la Cruz nunca imaginó que Dios tuviera en sus planes proporcionarle esta experiencia con la que quería guiarla a la santidad y que colaborara con sus oraciones y sacrificios a la completa purificación en el purgatorio de sor María Gabriela, una de sus hermanas religiosas, muerta en una epidemia en 1871 a la edad de 36 años, en el convento de Valognes, en la región francesa de Normandía.

La primera vez que sor María Gabriela se le manifestó fue en noviembre de 1873; después se la apareció y habló con ella en muchas otras ocasiones, hasta noviembre de 1890. Durante esos 17 años de conversaciones, la hermana ya fallecida respondió a las numerosas preguntas que su hermana, aún en la tierra, le hacía y que felizmente llegó a anotar. Sor María de la Cruz escribió todo lo que escuchaba, aunque en los primeros momentos no solía recoger las preguntas que ella hacía, pues lo importante es la revelación. Más adelante, viendo que sí tenía mucho interés, decidió plasmar también las preguntas.

Este libro trata de los apuntes tomados de las palabras de un alma del purgatorio. Su lenguaje es coloquial. Algunos párrafos, precisamente por esa razón, no se entienden bien por los modismos propios de la lengua francesa, de la época y de las circunstancias concretas en la que son escritos.

Encontraremos en sus páginas noticias muy interesantes sobre el momento de la muerte, sobre el juicio particular y sobre el

11

purgatorio. Pero es sobre todo una auténtica guía espiritual para llegar a la santidad por parte de sor Gabriela, quien ya mira la vida desde el otro lado. Desde la eternidad se tiene otra perspectiva. Con un lenguaje sencillo, el de una amiga, parece invitar, no solo a su interlocutora, sino también a los lectores actuales, a comprender el gran amor de predilección de Dios, las innumerables gracias que nos prodiga, la capacidad que tenemos para alcanzar la santidad en el ejercicio de las virtudes fundamentales de la vida cristiana y religiosa, la trascendencia que tiene nuestra entrega y la íntima y afectuosa relación que podemos tener con nuestro Dios. Seguramente impresionarán las advertencias que se recogen sobre nuestra capacidad para corresponder o no al Señor, sobre el momento de la muerte, sobre el juicio particular, el purgatorio y el Cielo.

Nada de lo que se narra es contrario a la doctrina de Iglesia: habla de la intercesión de los santos en el momento de la muerte, de la tarea del arcángel san Miguel y, muy especialmente, de la actividad de la Virgen María a quien sor Gabriela ve sacar almas del purgatorio.

Entre la iglesia triunfante, purgante y militante hay una comunicación constante de bienes: la Iglesia entera se une en cada Misa. Además, porque Dios lo permite, pueden darse estos contactos extraordinarios que nos ofrecen datos muy valiosos y que suelen ser recurrentes en otras revelaciones privadas, como por ejemplo, como se dice en este libro: el estado en el que muere la mayoría de los seres humanos, los "niveles" y "grados" que hay en el purgatorio, el modo y la finalidad de la purificación, el padecimiento de las almas, lo que más las purifica, la adecuada proporción entre la purificación y el modo de vida que se tuvo…

Otro aspecto muy valioso del libro son los consejos que la hermana fallecida da a su amiga aún viva, que están en perfecta consonancia con la espiritualidad más clásica de la vida cristiana: la invita a vivir, por ejemplo, el olvido de sí, la abnegación, el desapego a las criaturas, la fortaleza ante las adversidades, la superación del qué dirán, el desprecio a los falsos respetos humanos, la entrega total, la búsqueda de la mortificación en las pequeñas cosas, el silencio, la moderación en el hablar, la paciencia y la caridad, etc.

Aconseja a la religiosa, sin rodeos y con urgencia, que viva con pureza de intención, que responda con generosidad a Dios, que se desapegue de modo radical de todo lo que no es de Dios… Insiste en la trascendencia y la gravedad de los actos y revela el terrible purgatorio que sufren quienes han desaprovechado y desperdiciado las gracias recibidas. Invita a tener siempre la mirada en el más allá, en las realidades que no se ven, pero que existen. Insiste en que solo tenemos esta vida para hacernos santos y ganarnos el cielo.

Se habla también de los obstáculos que ponemos los hombres y de la acción del demonio que quiere impedir a toda costa la santificación de un alma.

Habla finalmente de la paciencia de nuestro Señor con nosotros, de cómo insiste dándonos su gracia para que algún día respondamos generosa y totalmente.

Advertencia:

Este *Manuscrito* se sirve de un vocabulario y de unas imágenes que se utilizaban con frecuencia en la época en que se escribió, pero que hoy en día podría llamar la atención en nuestro modo de comprender en la actualidad los misterios de la misericordia de Dios y del purgatorio. Por este motivo, se completa esta edición con algunas notas a pie de página y con unas páginas en las que se exponen la explicación teológica del purgatorio y algunos textos recientes del magisterio de la Iglesia sobre el purgatorio.

En concreto, la Iglesia insiste sobre el hecho de que el purgatorio es más bien un estado del alma, una "condición de vida" después de la muerte y no un lugar (cfr. la audiencia del 4 de agosto de 1999, de san Juan Pablo II). Es un "camino hacia la bienaventuranza plena" que comenzamos aquí abajo y que requiere de la purificación, de la iluminación y de la transfiguración del alma. No es tanto un castigo como un deseo de perfección y de santidad para poder presentarse ante Dios.

Nota sobre el Purgatorio

Decía el entonces cardenal Ratzinger que, si no existiera el purgatorio, habría que inventarlo, "porque hay pocas cosas tan espontáneas, tan humanas, tan universalmente extendidas (en todo tiempo y en toda cultura) como la oración por los propios allegados difuntos"[1]. Pero ocurre, además, que el purgatorio tiene una clara razón de ser.

La Iglesia no ha dejado nunca de creer (incluso es dogma) en el purgatorio a lo largo de la historia, no solo por el peso de la Escritura y de la Tradición, que es lo primario, sino porque incluso una reflexión puramente humana nos hace conscientes de que los que mueren en gracia, pero insuficientemente purificados, han de "ponerse a tono" para el encuentro definitivo con Dios. No puede gozar de la visión de Dios el que lleva dentro de sí alguna sombra de pecado, pues ello mismo imposibilita la plena comunión con Dios.

Por ello, el purgatorio de ningún modo se puede entender desde la perspectiva del castigo, sino desde la imprescindible purificación de nuestro ser y la plenitud de santidad que requiere el encuentro con Dios en la visión.

La Sagrada Escritura presenta algunos indicios sobre la fe en el purgatorio, como este de *2 M* 12,43 y siguientes, en el que leemos que Judas Macabeo, "habiendo recogido dos mil dracmas, por una colecta, las envió a Jerusalén para ofrecer un sacrificio por el pecado, obrando muy bien y pensando noblemente de la resurrección, porque pensaba que resucitarían los caídos, considerando que a los que habían muerto piadosamente está reservada una magnífica recompensa; por eso oraba por los difuntos, para que fueran librados del pecado".

El texto parece referirse a la situación del pecado de idolatría cometido por los soldados (les habían encontrado amuletos) y que, a juicio de Judas, merecía una condena mitigada, dado que se trataba de mártires. Por eso ordena que se ofrezca por ellos un sacrificio de expiación.

En este texto propiamente no se habla del purgatorio (en el contexto se piensa en el sheol, en el que los justos esperan la resurrección para la vida), pero aparece ya la idea de que se pueden ofrecer sufragios por los difuntos.

En *1 Co* 3,12-15 se habla de los obreros apostólicos que han edificado sobre el fundamento de Cristo cosas de mayor o menor valor y que se encontrarán en el juicio que pondrá de manifiesto el valor de las mismas.

Si las obras de uno "subsistieren", recibirá recompensa; "pero, si la obra de uno quedara abrasada, sufrirá detrimento"; lo cual, en contraste con el premio del caso primero, implica una pena, pero no tal que le lleve a la condenación, sino que "se salvará, aunque así como a través del fuego".

Hoy en día, se discute cuál es el valor del texto (aunque no hay duda de que los santos padres lo entendieron del purgatorio). El fuego del que se habla no es el del purgatorio, sino que es una alusión al que se salva como de un incendio, atravesando las llamas[2]. Cabe incluso que el término "el día" se refiera al juicio final.

De todos modos, la doctrina del purgatorio, se ha de basar en temas generales de la Biblia, en la idea de que se requiere la absoluta pureza para gozar de la visión de Dios, como cuando dice *Ap* 21,27 que nada profano entrará en el cielo o como cuando Cristo dice que solo los puros verán a Dios (*Mt* 5,48). También se deriva de la necesidad de satisfacción de nuestros pecados según la idea, desarrollada por la Tradición, de que todo pecado deja en el interior del hombre desarreglos que es preciso purificar (pena del pecado en distinción de la culpa).

La Tradición ha sido unánime en el mantenimiento del purgatorio. Ya en las catacumbas aparecen testimonios de oración y de sufragios por los fieles difuntos. De los textos de los padres podríamos citar este de san Agustín que se impone por su precisión y su belleza:

"No puede negarse que las almas de los difuntos son aliviadas por la piedad de los suyos que viven, cuando por ellos se ofrece el sacrificio del mediador o hacen limosnas en la Iglesia. Pero estas cosas aprovechan a aquellos que, cuando vivían, merecieron que después pudiesen aprovecharles. Porque hay un modo de vivir, ni tan bueno que no necesite estas cosas después de la muerte, ni tan malo que no le aprovechen estas cosas después de la muerte; pero hay también tal modo de vivir en el bueno que no necesita estas cosas y hay también tal modo de vivir en el malo que no se le puede ayudar ni con estas cosas, cuando pasan de esta vida"[3].

El magisterio de la Iglesia ha sido constante en este punto. La bula *Benedictas Deus* (1336) define que las almas de los justos que no tienen nada que purgar gozan inmediatamente de la visión de Dios (D 1000) y también define que gozarán de Dios los que tienen algo que purificar "una vez que estén purificados después de la muerte" (D 1000).

El Concilio de Florencia definió por su lado: "Además, si, arrepentidos verdaderamente, murieron en la caridad de Dios antes de haber satisfecho con frutos dignos de penitencia por los pecados de comisión y de omisión, sus almas, después de la muerte, son purificadas con penas purgatorias; y para ser liberadas de estas penas, les aprovechan los sufragios de los fieles vivos, a saber, los sacrificios de la misa, las oraciones y las limosnas, y otros oficios de piedad que suelen hacerse, según las instituciones de la Iglesia, por unos fieles a favor de otros fieles" (D 1304).

A los ortodoxos, que creen en la existencia del purgatorio, les resultaba particularmente difícil la idea del fuego purificador, pues les hacía recordar la concepción de Orígenes sobre el infierno temporal. Aceptaban, en cambio, sin problemas la idea de la oración y de los sufragios por los difuntos. Por ello el Concilio de Florencia evita hablar de fuego.

Distinta fue, después, la posición de los luteranos frente al purgatorio, dado que va contra la idea de la justificación por la fe. Lutero, en el fondo, terminó negando la existencia del purgatorio: no se puede, desde la justificación por la fe, aceptar la necesidad de una purificación ultraterrena en la que el hombre colabora con sus obras en vistas a la total purificación.

El Concilio de Trento habría de abordar el tema sosteniendo que el hombre se justifica por la gracia de Dios, pero esta justificación, válida para salvarse, puede ser todavía imperfecta en el hombre, debido tanto a los pecados veniales como al reato de la pena temporal que debe ser reparado en esta vida o en la futura (D 1580). Por ello manda el concilio a los obispos que procuren diligentemente que la sana doctrina del purgatorio, testificada por los santos padres y los sagrados concilios, "sea creída por los fieles cristianos, mantenida, enseñada y predicada en todas partes" (D 1820).

Por su parte, Pablo VI enseña en el *Credo del pueblo de Dios*: "Creemos que las almas de aquellos que mueren en la gracia de Cristo (sean aquellas que todavía han de ser purificadas por el fuego del purgatorio, sean aquellas que separadas del cuerpo son recibidas, como el buen ladrón, por Jesús en el paraíso) constituyen el pueblo de Dios después de la muerte, la cual será totalmente destruida el día de la resurrección, en el cual, estas almas se unirán con sus cuerpos" (n 28).

El Catecismo enseña lo siguiente: "Los que mueren en la gracia y en la amistad de Dios, pero imperfectamente purificados, aunque están seguros de su eterna salvación, sufren después de su muerte una purificación, a fin de obtener la santidad necesaria para entrar en la alegría del cielo" (CEC 1030).

"La Iglesia llama purgatorio a esta purificación final de los elegidos que es completamente distinta del castigo de los condenados. La Iglesia ha formulado la doctrina de la fe relativa al purgatorio, sobre todo, en los concilios de Florencia (cf. D 1304) y de Trento (cf. D 1820; 1580)" (CEC 1031).

Pues bien, decíamos anteriormente que el purgatorio no es difícil de entender. Es claro que el que muere con pecados veniales necesita completar su conversión haciéndola plena y ferviente; pero queda también la pena temporal del pecado que nunca hemos de entender como castigo de Dios. Es otro el sentido de la pena temporal.

Todo pecado, aunque estemos arrepentidos de él, deja en el alma una huella, un desequilibrio interior, un apego a las cosas de este mundo que es preciso restañar. Esto es, justamente, el purgatorio: la oportunidad de reconvertir toda nuestra persona antes del encuentro con Dios. No podemos entender el purgatorio como un infierno en pequeño o como un castigo de Dios; es la necesidad misma de purificación de aquellas heridas que el pecado deja en nosotros, a no ser que hayamos muerto ya santos y purificados. Aun arrepentidos de nuestros pecados, necesitamos esta purificación e intercedemos con Cristo por nuestros difuntos.

El purgatorio no tiene nada que ver con el infierno. Y habría que entender el "fuego" desde la perspectiva del amor, como el dolor que nace de la conciencia del retraso de la plena comunión con Dios[4]. En el purgatorio hay que pensar como una purificación por medio del amor.

José Antonio Sayés
Pasaje de su libro *Escatología*
Madrid, 2006

Introducción

Este libro se publicó primero como un folleto por parte del "Boletín de Nuestra Señora de la Buena Muerte", en Tinchebray, Francia. Un sacerdote les hizo llegar un manuscrito sobre la relación de una religiosa con un alma del purgatorio.

No puede negarse la existencia de apariciones de las benditas ánimas del purgatorio, pues no son raras y hay varios ejemplos en la vida de los santos. Podemos citar, por ejemplo, lo que se cuenta de la vida de santa Margarita María de Alacoque:

> Un día que yo estaba delante del Santísimo Sacramento, el día de su fiesta, una persona envuelta en fuego se apareció de repente delante de mí. El estado lamentable en que me mostró que estaba en el purgatorio me hizo derramar abundantes lágrimas. Me dijo que era el alma del religioso benedictino con el que yo me había confesado alguna vez y que me había ordenado recibir la Santa Comunión, por lo que Dios le había permitido venir a mí para darle alivio a sus sufrimientos. Me pidió hacer y sufrir todo lo que más pudiera durante tres meses; le prometí que lo haría después de pedirle permiso a mi superiora; él me dijo que las razones por las que estaba sufriendo en el purgatorio eran: primera, por dar preferencia a sus propios intereses en vez de la gloria de Dios, porque estaba muy apegado a su reputación; segunda, por la falta de caridad hacia sus hermanos; y tercera por el afecto demasiado natural −desordenado- que tenía a las criaturas. Me sería muy difícil expresar lo que tuve que sufrir durante esos tres meses. Él no me dejaba un momento y me parecía verlo ardiendo en fuego con sus inmensos dolores

que me veía obligada a gemir y a llorar casi continuamente. Mi superiora, tocada de compasión, me ordenó fuertes penitencias, especialmente la disciplina… Finalmente, al cabo de tres meses, lo vi colmado de gozo y de gloria: él iba a disfrutar de su felicidad eterna, y dándome las gracias me dijo que me protegería y pediría por mí ante Dios[5].

Dios permite estas apariciones y estas manifestaciones para alivio de las almas del purgatorio, que buscan inflamar nuestra compasión; y también para nuestra instrucción: nos revelan la severidad y los rigores de la justicia divina contra las faltas que nosotros consideramos ligeras.

De todos modos, hay que dejar claro que hasta que la Iglesia no se pronuncia sobre alguna de estas manifestaciones su valor es relativo y descansa más bien en la santidad de vida de las personas, en su lucha por la santidad.

Autenticidad del manuscrito

Este manuscrito contiene noticias muy interesantes sobre la vida más allá de la muerte, especialmente sobre el purgatorio; todas las enseñanzas que contiene vienen acompañadas por diversos consejos de dirección espiritual.

Su autenticidad es incontrovertible. Prueba de ello es la propia sor María de la Cruz, cuyo nombre, antes de ser religiosa, era Elisa Sofía Clementina Hébert, nacida en la ciudad francesa de Néhou-St-Georges (diócesis de Coutances), el 11 de diciembre de 1840.

Quedó huérfana de padre a la edad de 6 años. A los 11 recibió la primera Comunión y el sacramento de la confirmación en el convento de las agustinas de Valognes, donde vivía una tía materna suya, sor Angela Quettier, que fue superiora del convento y dio ejemplo de vida religiosa hasta su muerte.

A los 18 años, Elisa entró en ese mismo convento. El 15 de mayo de 1861 hizo su profesión religiosa. En el año 1884 fue elegida asistente, casi por unanimidad de las hermanas, y al año siguiente, madre prefecta.

En 1904, a causa de los decretos de expulsión de los religiosos de Francia, la echaron del convento y encontró refugio con unas primas en el pequeño pueblo de Vauvicard, municipio de Quettehou. Tenía 64 años. Algunos años después se fue a Cherbourg, donde vivió con otra prima. Allí, san Pío X le concedió el privilegio de tener oratorio privado, con la facultad de tener reservado el Santísimo Sacramento.

Murió en Cherbourg el 11 de mayo de 1917. Sus restos descansan en la tumba familiar en Quettehou.

Sor María de la Cruz

Sor María entró en el convento de las agustinas de Valognes en el año 1858; trece años más tarde, en 1871, sobrevino en la ciudad una grave epidemia que se cobró muchas víctimas, entre ellas a una religiosa de 36 años, sor María Gabriela.

Así lo cuenta sor María de la Cruz:

> "Cuando me curaban, me comunicó una religiosa anciana de Valognes, llamada Gertrudis, que hacía pocas horas que sor María Gabriela había sido arrancada de esta vida. Tal acto de abnegación, añadió la misma religiosa, quizá le haya merecido la salvación eterna".

De hecho, aquella religiosa no era muy perfecta, sobrenaturalmente hablando, y sor María de la Cruz le regañaba por ello con frecuencia. Aquella religiosa solía responder con la misma cantinela:

> "Bueno, si me voy al purgatorio tú me sacarás de allí".

Sor María de la Cruz nunca pensó que eso fuera a ocurrir.

En noviembre de 1873, estaba sor María de la Cruz en su celda cuando escuchó de repente unos gemidos prolongados. Dio un grito y preguntó llena de miedo:

> "¿Quién eres? ¡Me aterrorizas! Sobre todo te pido que no te aparezcas, pero ¡dime quién eres!".

No obtuvo ninguna respuesta e impresionada fue a hablar con la superiora (su tía), quien no se mostró sorprendida en absoluto.

Le dijo sencillamente:

"Es un alma del purgatorio, rogaremos por ella".

Así hicieron, pero sin resultado. Los gemidos continuaron, acercándose cada vez más. La pobre religiosa multiplicó el número de oraciones, comuniones, vía crucis y rosarios. Los gemidos no cesaban y se hacían cada vez más misteriosos…

Sor María de la Cruz estaba consternada. Temía que se tratara del diablo, que se estuviera burlando de ella. Nunca había deseado, por ningún motivo, cosas extraordinarias en su vida cristiana o religiosa, solo quería seguir a Cristo por un camino sencillo y ordinario. A lo largo de este manuscrito, encontraremos menciones a estos temores y cómo su voluntad quería ir por un camino normal y corriente. Todavía en 1880 se dejan ver esas dudas.

Por fin, el 15 de febrero de 1874, tres meses después de escuchar los primeros gemidos, una voz muy conocida se hace escuchar:

"¡No tengas miedo! Soy sor María Gabriela. Tú no verás mis sufrimientos".

Aquella alma en pena le hace saber a su antigua compañera que, dado que había menospreciado con frecuencia sus consejos, ahora tendría que multiplicar sus visitas para ayudarle a santificarse. Entraba en el plan divino que fuera sor María de la Cruz, por su santidad de vida, quien debiera aligerar y, finalmente, liberar a aquella que le había hecho ejercitar tanto la paciencia.

Durante 17 años, hasta noviembre de 1890, sor María Gabriela visitó constantemente a sor María de la Cruz entablando entre ellas misteriosas conversaciones; sor María de la Cruz decidió ponerlas por escrito en este manuscrito[6].

Valor del manuscrito

1. Su valor deriva en primer lugar de sor María de la Cruz.

Todos los que la conocieron atestiguan, sin ninguna nota discordante, que nunca dejó de practicar todas las virtudes cristianas, y las de la vida religiosa, hasta el heroísmo.

Como directora del internado, gozó sobre las alumnas de un gran ascendiente moral, de modo que muchas de aquellas coincidían en afirmar que sus palabras y sus acciones tuvieron sobre ellas un influjo profundo. La consideraban una santa.

Todos los que la conocieron afirman unánimemente que sor María de la Cruz estaba dotada de un juicio recto, de una inteligencia muy viva, contaba con una buena cultura, estaba perfectamente equilibrada y tenía un gran sentido común.

Nunca deseó caminos extraordinarios, al contrario, los evitaba; así llegó a pensar que lo que le sucedía era una trampa del diablo. Sin embargo, a pesar de su oposición a las apariciones, se aprovechó profusamente de ellas para su progreso espiritual. De ello dan fe sus hermanas en el convento y de los apuntes tomados con ocasión de los ejercicios espirituales.

2. Su valor también viene por la autoridad de los testimonios recibidos.

Su director espiritual, el padre Prével, de los Padres de Pontiguy, más tarde superior general de su congregación, estaba exactamente informado de las comunicaciones que sor María de la Cruz tenía con su antigua compañera. Esto queda confirmado por una carta fechada el 4 de noviembre de 1912, desde la ciudad inglesa de Hitchin:

> "¡Hábleme –le dice– de vuestra querida amiga afligida, que ya debe estar desde hace tiempo abismada en la gloria de su Bien Amado! ¿Os ha abandonado ya? ¿O todavía os consuela en los desánimos?".

> "¿Ha seguido escribiendo sus comunicaciones? Por mi parte, he conservado preciosamente las anteriores y las he releído no pocas veces".

Está claro que consideraba esas apariciones como algo serio y es presumible que no lo juzgaría así de no existir buenas razones.

Estos son otros testimonios importantes:

- El del canónigo Dubosq, ex-superior del seminario mayor de Bayeux y promotor de la fe en el proceso canónico para la beatificación y canonización de santa Teresita del Niño Jesús.
- El del canónigo Gontier, censor oficial de libros en la diócesis de Bayeux y autor de libros muy apreciados.
- El de un experto en Teología Mística, Dom Lehodey.

Después de un examen serio del manuscrito, ambos reverendos no han titubeado en afirmar que no contiene nada contrario a las enseñanzas de la fe ni nada que no esté en perfecta armonía con los principios de la vida espiritual. Han hecho notar que sor María de la Cruz, dotada con un gran sentido común, estuvo por ello protegida contra las desviaciones que podría provocar una imaginación demasiado viva. Además, han visto con complacencia que esta religiosa hizo todo lo posible para librarse de las visitas que el importunaban; que protestó, preguntándose si no se trataba de un castigo del Cielo; que encontró aquellos acontecimientos como algo tan extraordinario que no sabía qué pensar; y que, por último, puso muchas objeciones a las apariciones, hasta tal punto que no se le puede atribuir la intención de transmitir cosas de su imaginación o de inventarse lo que le pasaba.

Están muy impresionados por la gran lección de caridad cristiana que puede comprobarse a través del proceso de las apariciones; por un lado, en efecto, sor María Gabriela, había hecho sufrir mucho en el convento de Valognes a sor María de la Cruz por su actitud poco religiosa, y que fue reconvenida y llamada al orden; y por otra parte, fue la misma sor María de la Cruz, según los designios divinos, a quien debería dirigirse después de su muerte para liberarse del purgatorio. También son impresionantes los progresos realizados por sor María de la Cruz en la obra de su santificación.

En una palabra, estos eminentes teólogos han concluido de modo unánime que el manuscrito de sor María de la Cruz porta en sí mismo la prueba de su perfecta autenticidad y que en consecuencia tiene pleno valor, en cuanto a su contenido y en cuanto a su origen.

Conclusión

Este manuscrito de sor María de la Cruz, al que llamamos "El manuscrito del purgatorio", tiene todas las garantías de crédito que se puedan pedir.

La dirección del "Boletín de Nuestra Señora de la Buena Muerte" pudo publicar así con toda tranquilidad este contenido tan edificante e impresionante; la voz del más allá que se puede escuchar al leer estas páginas, revelándonos la justicia y la misericordia del purgatorio, proponiéndonos consejos de piedad y de santificación, será para nosotros una luz que nos oriente en el camino hacia la eternidad.

El manuscrito del purgatorio
Texto de sor María de la Cruz

La madre superiora está en el Cielo desde el día de su muerte porque ha sufrido mucho y ha sido muy caritativa.

Si fueras lo perfecta que quiere Dios que seas, cuántas gracias te concedería.

El buen Dios quiere que seas más santa que otras.

El reverendo L. se encuentra en el purgatorio porque le gustaba mucho dar retiros y predicar en cualquier parte… Sí, por supuesto, eso es algo bueno, pero descuidaba su parroquia.

El buen Dios agradece todo lo que se hace por todas las ánimas del purgatorio como si se hiciera por una sola, Él aplicará tu intención.

Yo soy, en este momento, la que más sufre aquí, porque no viví bien mi vocación. Estoy sufriendo más que sor…, porque ella sí vivió su vocación; sus pecados procedían solamente de su carácter demasiado fuerte; además ella estaba mal aconsejada.

El vía crucis es la mejor oración después de la Santa Misa.

No puedo darte ninguna señal externa. El buen Dios no lo permitirá. Soy muy culpable.

Porque recé de modo distraído, Dios quiere que tú reces por mí.

Puedes decírselo también a sor… que también reza de modo istraído y ha hecho sufrir mucho a la madre superiora. Ella puede hacer celebrar una Misa en mi sufragio.

También se puede ofrecer el rosario por mí. Y las meditaciones bien hechas, porque yo no lo hice así. Y el oficio bien recitado porque yo no lo recité bien. Y una gran modestia para todo, porque yo tenía siempre los ojos alzados para ver todo lo que no era necesario que viera… Alguna elevación, y una gran sumisión a la madre superiora, a quien tanto le he hecho sufrir. ¡Pobre madre superiora!... (Repetido diez o quince veces).

¡Ay, si supieras cuánto sufro! ¡Ay, reza por mí porque sufro muchísimo por todo! ¡Oh, Dios mío!… ¡Qué misericordioso eres! ¡Ay de mí! ¡No te imaginas lo que es el purgatorio!

¡Debes ser buena y tener piedad hacia las ánimas del purgatorio!

¡Un buen consejo!... El vía crucis.

En la tierra siempre se sufre en el cuerpo y en el espíritu, y con frecuencia en ambos.

¡Cuánta felicidad hay en el Cielo! ¡Hay una distancia muy grande entre el purgatorio y el Cielo! A veces tenemos como un eco del gozo que gustan los bienaventurados en el Paraíso; pero es casi un castigo, porque despierta en nosotros un gran deseo de ver al buen Dios. ¡El Cielo es luz pura; el purgatorio, profundas tinieblas!

El buen Dios te ama más que a muchos otros… ¿No te ha dado muchas pruebas de ello?

La madre E. está en el Cielo. ¡Fue un alma oculta y con una profunda vida interior!

¡No! ¡No soy el diablo! Soy la hermana María Gabriela. No te dejaré tranquila hasta que no entre en el Cielo. Después, yo rezaré por ti.

Sí, por fin puedo rezar bien ahora y lo haré todos los días. ¡Verás que las ánimas del purgatorio no son ingratas!

Los grandes culpables no ven a la Santísima Virgen. Cuando viene a liberar un ánima del purgatorio, es un gran gozo para el mismo Dios. Todo lo que has leído al respecto en los libros es muy verdadero.

El día de Pascua hay un poco de consuelo en los sufrimientos.

Si tienes mucha vigilancia sobre ti misma, el buen Dios te concederá gracias que hasta ahora nunca ha concedido a nadie.

Puedes recitar el salterio por muchas almas al mismo tiempo, cuidando de ofrecerlo antes de recitarlo, dirigiendo tu intención como si pudieras rezarlo por cada una de ellas, y ellas tendrán parte como si lo dijeras para cada una.

Mira, hay una pena aparte en el purgatorio para las religiosas que han hecho sufrir a su superiora: para ellas el purgatorio es terrible. ¡Ellas estarán conmigo y verán el sufrimiento que, igual al mío, deberán padecer!

[Año 1874]

24 de marzo (segundo domingo de Pascua)[7]. Mañana ve ante el Santísimo Sacramento todo el tiempo que puedas. Yo te acompañaré y tendré la dicha de estar cerca del buen Dios. Sí, esto me será de gran alivio.

Fiesta de la Anunciación. Yo ahora estoy en el segundo purgatorio, estuve en el primero desde el día de mi muerte, donde sufría grandes dolores. También en el segundo se sufre mucho, pero mucho menos que en el primero.

Sé siempre un apoyo para tu superiora. No hables demasiado; espera a que te pregunten para responder.

Mayo. Llevo en el segundo purgatorio desde el día de la Anunciación a la Santísima Virgen. Aquel fue el primer día que la vi[8], ya que en el primer purgatorio no se la ve. Su visión nos infunde ánimo; pues esta buena Madre nos habla del Cielo. Durante el tiempo que la vemos nuestros sufrimientos parecen disminuir.

¡Ah! ¡Cuánto deseo ir al Cielo! ¡Ay! ¡Sufrimos un martirio inmenso desde que conocemos al buen Dios!

Pero, ¿qué estoy pensando?… El buen Dios lo permite para tu bien y para mi alivio.

Escucha bien lo que voy a decirte: "Dios tiene grandes gracias para concederte. Él quiere que con tus buenos consejos y con tu ejemplo salves un gran número de almas. ¡Si con tu conducta les pones obstáculos, un día darás cuenta de todas aquellas almas que habrías podido salvar!".

Es verdad que no eres digna de ello; pero el buen Dios permite todo esto… Él es dueño de conceder sus gracias a quien quiere.

Haces bien en rezar y en rezar a san Miguel. En la hora de la muerte se es feliz cuando hemos tenido confianza en algún santo, a fin de que sea nuestro protector ante el buen Dios en aquel terrible momento.

No tengas miedo de recordar a todas tus jóvenes las grandes verdades de la salvación. ¡Las almas necesitan que las sacudan con alguna frecuencia, y ahora más que nunca!

Dios quiere que te des a Él enteramente. Él te ama más que a otras. Y para esto te concederá un mayor número de gracias. (¡Él es muy dueño de esto!). A ti, por tanto, también te será más fácil amarlo más. No pierdas ninguna de estas gracias, vive solo para Él y procura su gloria en todo. ¡Cuánto bien puedes hacer a las almas!

Hazlo todo para agradar a Dios. Antes de cada acción, recógete un momento en tu interior y examínate sobre si lo que vas a hacer será de su agrado. ¡Todo por Jesús! ¡Oh, ámalo mucho!

Sí, sufro, pero mi tormento más grande es no ver a Dios. Es un martirio continuo que me hace sufrir más que el fuego del purgatorio. ¡Si llegas a amar al buen Dios, como Él desea ser amado, experimentarás un poco de este deseo ansioso por unirte al ser amado, al buen Jesús!

Sí, a veces vemos a san José, pero no con tanta frecuencia como a la Santísima Virgen.

Tienes que llegar a ser indiferente a todo, excepto al buen Dios. Solo así podrás alcanzar la cumbre de la perfección a la que Jesús te llama.

La madre I. no ha recibido ningún beneficio por las misas que se celebraron en su sufragio. Las religiosas no tienen derecho de disponer de sus bienes; eso va contra la pobreza.

Si no haces bien la oración, las almas que tienes confiadas no avanzarán.

Dios no niega nunca las gracias que le piden en una oración bien hecha.

El purgatorio de las religiosas es más largo y más riguroso que el de las que no lo son, porque ellas han abusado de un mayor número de gracias.

La madre superiora difunta ha solicitado, y el buen Dios se lo ha permitido, que le pidas a la madre superiora que, si es posible, se celebre de vez en cuando una Misa en sufragio de las religiosas difuntas, ya que hay en el purgatorio muchas religiosas abandonadas (¡ciertamente por su culpa!) por las que nadie reza. Esto agradaría mucho a Dios.

Sí, el buen Dios ama mucho a la madre superiora. Tú sabes lo que le ha dado: llevar una buena cruz, esa es la mejor prueba de que la ama.

¡No puedes ni imaginarte las penas que se sufren en el purgatorio!

En el mundo nadie piensa en ello. Incluso en las comunidades religiosas lo olvidan. Por eso Dios quiere que se rece de modo especial por las pobres ánimas del purgatorio, que se enseñe esta devoción a las alumnas, para que ellas a su vez lo comuniquen a todo el mundo.

No le tengas el más mínimo temor a la fatiga. ¡Cuando se trate de Dios, sacrifica todo por Él!

Obedece rápidamente a tu superiora, atiende todas sus órdenes. Procura ser muy humilde, humíllate siempre, hasta el centro de la tierra si fuera posible.

La hermana… está en el purgatorio porque obstaculizó frecuentemente con sus palabras astutas el bien que las superioras habrían podido hacer.

Acostúmbrate a vivir en la presencia de Dios y hazlo todo con pureza de intención.

El buen Dios busca almas devotas que lo amen por Él mismo. ¡Hay tan pocas! Él quiere que tú seas del número de sus verdaderos amigos. Muchas personas aman a Dios, así lo creen, pero lo aman por ellos mismos. ¡Eso es todo!

¡No! En el purgatorio no vemos a Dios. ¡Eso sería estar ya en el Cielo!

Cuando un alma busca verdaderamente, con sinceridad y por amor, a Dios en su corazón, Él no permite que quede decepcionada.

Si Dios quiere hacer rebosar sus gracias allá donde ha abundado el pecado… ¿por qué las rechazas? ¡Date totalmente, sacrifícate, inmólate por Dios! ¡Nunca podrás hacer demasiado por Él!

Piensa bien que no hay una gran piedad si no se difunde hacia los demás.

No tengas ningún falso respeto humano, incluso con las hermanas ancianas. Habla siempre y no te calles cuando se trate de defender a tu superiora.

Dios no se sirve de sus grandes amigos para probar y hacer sufrir a los demás. Dale las gracias por que no te usa como instrumento para ello. ¡Es mejor ser yunque que martillo!

Es necesario que no te canses de sufrir en el cuerpo y en el espíritu, pues has hecho muy poco para reparar tu pasado. Tu corona está apenas comenzando.

Junio. Cuando se levanta una tempestad provocada para hacer sufrir un alma, ¡observa cómo desaparece muy pronto!

¡El demonio tiene seguidores por todas partes … también en los conventos!

No, no veo al buen Dios cuando está expuesto el Santísimo; siento su presencia. Lo veo como lo veis vosotros con los ojos de la fe, pero nuestra fe es más viva que la vuestra. ¡Nosotros sabemos muy bien lo que es Dios!

Ten siempre al buen Dios muy presente. Cuéntale todo como a un amigo y vigila mucho tu interior. Para prepararte bien para recibir la santa Comunión lo primero que necesitas es el amor para desearla, el amor durante la acción de gracias, el amor siempre.

El buen Dios quiere que vivas únicamente para Él, que pienses solo en Él, que no desees a nadie más que a Él.

Mortifica tu espíritu, tu mirada, tu lengua, esto agradará más a Dios que la mortificación corporal, que, con frecuencia, proviene de nuestra propia voluntad.

Es necesario actuar con Dios como se actúa con un padre, con un amigo muy tierno o con un esposo muy querido. ¡Tienes que volcar la ternura de tu corazón solo en Jesús solo, toda la que tengas, toda solo para Él!

Sí, toda la eternidad cantarás la misericordia infinita de Dios sobre ti.

Debes amar mucho a Jesús, de modo que Él pueda hallar en tu corazón una morada agradable en la que reposar, por decirlo así, de las ofensas que recibe en todas partes. Tienes que amarlo por los indiferentes, por las almas débiles y por ti misma en primer lugar; en una palabra: tienes que amarlo tanto que, para el pueblo y tu comunidad, sea un ejemplo que impresione…

Es verdad que santa Teresa y la madre Eust. le han amado mucho; pero tú, que le has dado disgustos, tienes que amarle más en comparación de aquellas almas inocentes.

12 de diciembre. Si amas mucho y bien al buen Dios, no te negará nada. Cuando una persona ama realmente a alguien, y quiere obtener algo, gira y da vueltas a su alrededor para arrancarle lo que desea y siempre obtiene lo que pide… Dios hará lo mismo contigo, Él te concederá todo lo que le pidas.

El buen Dios quiere que te ocupes sólo de Él, de su amor, y de cumplir su santa voluntad.

Pero si te ocupas de Dios… es necesario que te ocupes también de las almas. No te será de gran mérito salvarte tu sola.

¡El buen Dios quiere de ti una gran perfección que no exige a muchos otros!

[Año 1875]

Febrero. Sé muy vigilante sobre tu interior, reserva tus pequeñas penas únicamente para Jesús. Él puede sustituir fácilmente todo aquello que te ha quitado.

Tu vida debe ser una serie continua de actos interiores de amor, de mortificación, pero que solo Dios lo sepa. No hagas nada extraordinario: lleva una vida muy escondida, muy oculta, de gran unión con tu Jesús.

El buen Dios quiere que lo ames de un modo único. Si no pones obstáculos a sus gracias, Él te concederá incluso las extraordinarias, que todavía no ha concedido a nadie. Él te ama de un modo especial. ¿No te das cuenta? Nosotros adoramos sus designios sin buscar entenderlos. Él es dueño de hacer por las almas lo que le plazca. Sé siempre muy humilde y pasa desapercibida. No te ocupes de nadie, solamente de lo que tiene que ver con tu propia santificación.

¡No! No debes tener demasiada relación con… Es demasiado expansiva y locuaz. No quiere esto de ti Dios.

No está bien que desconfíes así de tu Jesús. Él te lo ha dado todo a ti y tienes que estar segura de que todo lo que ha sucedido a ese respecto… lo ha permitido Él.

¡Ama mucho a Dios! ¡Qué felices son las almas que poseen este tesoro!

¡Tu gran penitencia durante la vida no será la ausencia de Jesús, sino un gran dolor por todos los disgustos que le causaste en el pasado, por los disgustos ocasionados por la sobreabundancia de gracias de las que Él te ha colmado, y de las que te colmará, y la impotencia de darle a cambio el amor que quisieras!

Te puedes levantar a las cuatro y acostarte al mismo tiempo que las demás hermanas, salvo que estés seriamente enferma. Te aseguro que no te sentirás mal por ello, pues ganarás media hora, que no es gran cosa, y sí un motivo de edificación.

No vayas por ahí quejándote con nadie, ni siquiera con la superiora. Guarda esos pequeños sufrimientos solo para ti y para tu Jesús, a quien debes contarle todo.

No te preocupes demasiado por tu salud. Dios te dará la suficiente para poder servirle.

14 de mayo. Al hacer el retiro, ten la intención de no perder ninguna de las gracias que el buen Dios te da y de seguir siempre el impulso de esas gracias, de tener un espíritu de fe muy grande y también un gran recogimiento. Te insisto en todo esto desde hace mucho.

Que siempre, sobre todo en tus acciones, estés recogida en tu interior como lo estás durante la acción de gracias después de la Comunión.

Agradécele a Dios todas las gracias que te ha concedido y las que te concede cada día. Pensarás en esto cada mañana al final de la meditación. Ruégale también por lo que te dije ayer…

No hagas nunca nada sin recogerte un instante en tu interior y sin pedirle consejo a Jesús en tu corazón… Tú me entiendes…

¡Oh! Ciertamente, yo amo mucho a Dios, y en la medida que un alma se purifica, y se acerca más al Cielo, también su amor aumenta gradualmente.

Piensa a menudo en todo el amor que Dios te tiene. Procura ser muy fiel a todas las inspiraciones de la gracia.

Cada día, vuelve a comenzar como si no hubieras hecho nada todavía, sin desanimarte nunca.

18 de mayo. ¡Qué pequeño es el número de los verdaderos religiosos que realmente poseen el espíritu de su estado! Habrá uno entre cincuenta. ¡Tienes que ser, a toda costa, uno de estos privilegiados!

¡Qué grande es la responsabilidad de una superiora, de una maestra de novicias, de una instructora! ¡Cuánta cuenta tendrán que dar al buen Dios!

¡En la medida que yo sea liberada, me entenderás más claramente, y cuando lo sea del todo, vendré a ser para ti como un segundo ángel de la guarda! ¡Pero un ángel que verás!

La madre… está todavía en el purgatorio. Ella admitió en la comunidad muchas personas sin vocación que introdujeron la relajación. Es una gran ciencia la de saber discernir los espíritus. Si se prestara mayor atención a las personas que se reciben, no se tendrían tantos inconvenientes en las comunidades.

20 de junio. Dios no pide más de lo que podemos hacer. Él solo quiere que los corazones sean totalmente suyos.

¡Para obtener sus gracias, ya sea para ti o para la comunidad, has de renunciar a ti misma desde la mañana hasta la noche, y no has de buscarte a ti misma en nada, que todo sea muy escondido a los ojos las criaturas, y que solo Dios conozca y vea tus pequeños sacrificios diarios, solo Él! ¡Entiéndelo!

Experimentarás disgustos en muchas cosas; es algo que permite el buen Dios, a fin de que adquieras méritos. Presta mucha atención a esto y no dejes de perder ninguna ocasión.

Sí, es verdad, en cierto sentido habrá mayor gloria a Dios si le da gloria una persona que no siempre ha sido su amiga; y en cuanto a ti, tendrás mayor confusión al ver que Dios, a pesar de tus debilidades espirituales, te escoge para servir a sus designios. Pero a cambio has de sacrificarte e inmolarte.

¿Sabes por qué el buen Dios no te concede actualmente las gracias que le pides? Porque no tienes suficiente confianza en Él.

Es verdad, olvidas muy fácilmente las grandes gracias que Jesús te concede. Él te sigue desde la mañana a la noche, y tú le esquivas lo más que puedes. No debes comportarte así con un Dios tan bueno, y, sobre todo, tan bueno contigo.

Examínate con frecuencia, examina tu corazón para ver cómo agradar a Dios. Considera si hay algo que le cause dolor. Eso atraerá cada vez más las miradas benditas del buen Jesús.

Debes amar tanto a Dios que, en poco tiempo, Él pueda encontrar en tu corazón una morada agradable, en la que pueda, por decirlo así, reposar. Tienes que lograr que Jesús te cuente Él mismo sus penas, las que le causa el mundo cada día; Él quiere recibir de ti tanto amor que quede consolado.

14 de agosto. Dios no quiere que te escuches a ti misma. Ten confianza en Él, ¿no te lo he dicho ya muchas veces? ¿No va a poder darte Él, a pesar de tu debilidad, la fuerza necesaria para servirle? ¿Por qué desconfías de su poder y de su bondad?

15 de agosto. Sí, hemos visto a la Santísima Virgen. Ha regresado al Cielo con muchas almas; yo, sin embargo, aún permanezco aquí.

¿Tienes calor? ¡Ah! ¡Si supieras el calor que hace en el purgatorio en comparación con el que pasas! ¡Una breve oración nos hace tanto bien! Nos refresca como un vaso de agua fría que se da a alguien que tiene mucha sed.

Ama a todos, pero no te confíes totalmente a nadie, porque Jesús quiere ser sólo tu gran confidente. Todo por Él y solo por Él.

Realiza todas tus acciones bajo la mirada de Dios. Ya te lo he dicho: consulta con Él cada cosa que vayas a hacer o a decir. ¡Cuántas gracias lloverán sobre ti entonces! Que tu vida sea una vida de fe y de amor, y si actúas así… experimentarás lo que te he dicho al respecto.

No hagas nada para hacerte notar al exterior; sin ofender la caridad evita la compañía de aquellas hermanas que son demasiado expansivas, que faltan a la caridad. En cuanto a ti, ocúpate solo de cuanto te concierne. Olvídate de ti misma. No des nunca tu opinión, a menos que estés obligada a hacerlo. Ocúpate solo de lo que debe ser el impulso de toda tu vida: ¡Jesús! ¡Sí! ¡Jesús, de la mañana a la noche y de la noche a la mañana!

20 de agosto, retiro. ¡Ay de mí! Me quejo porque sufro hoy más de lo habitual… porque abuse en otros tiempos de estos días de gracia y de salvación y por eso en estos días soy castigada.

Realiza todas tus acciones bajo la mirada del buen Dios, con sencillez, tratando de complacerle solo a Él en el mundo. Hasta que no hayas llegado a este desasimiento de todas las cosas para poner toda tu atención solo en Él, no te dejará en paz.

Debes ser una regla viviente para toda la comunidad. Es necesario que se pueda decir, al verte: "¡Esa es la regla!". Más aún, tienes que ser, por decirlo así, otro Jesús, al reproducir con tu conducta, en lo que le es posible a una criatura, al mismo Jesús.

7 de septiembre. Dios, aunque es sumamente grande, es verdad, no desprecia familiarizarse con el alma que le ama y entra con ella hasta en los más pequeños detalles que la conciere. ¡Cuánta bondad!

¿No es verdad que hay determinadas cosas íntimas de nuestra alma que solo Dios comprende y que solo se le pueden decir a Él?

8 de septiembre. Dios permite que ciertas almas tengan una ternura de corazón considerable, mientras otras son menos sensibles. Todo esto está en sus designios. Aquellas que poseen un corazón más amante es porque Él ha hecho ese corazón sobre todo para Él, a fin de que vuelquen todo su amor en su Corazón adorable. Él es muy dueño de conceder a cada uno lo que le place. A veces, Él tiene una predilección particular por ciertas almas; tú eres una de ellas.

Yo sufro más de noche, cuando tú duermes. Claro que yo llevo siempre conmigo el purgatorio, pero durante el día, porque se me ha concedido acompañarte a dondequiera que vayas, sufro un poco menos. Todo esto es permitido por el buen Dios.

7 de noviembre. Fíjate bien en lo que voy a decirte: vigila mucho tu interior en todo lo que haces. Pregunta cada hora a Dios si está contento de ti, porque tienes que darte prisa en ser santa.

Sí, es verdad; pero con la gracia de Dios se puede todo. Reconócete indigna de sus gracias, pero, a pesar de todo, trabaja.

8 de diciembre. Ama mucho a Dios. No temas sufrir. Confía en Él y absolutamente nada en ti. Muere a ti misma de la mañana a la noche. Ten en cuenta lo que te he dicho sobre el nuevo obispo: eso se realizará.

¡No respires, no vivas más que por Jesucristo!

Solo Dios debe ser tu confidente. No te quejes sino solo a Él. Vive escondida a los ojos del mundo. A veces estarás enferma, y además mucho, pero parecerá que estás sana, porque solo Dios quiere ser testigo de lo que te sucede. Ya verás que lo entenderás muy bien cuando pase.

Como Dios lo desea, has de estar muy atenta para no dejar escapar ninguna de sus gracias, Él se comunicará contigo de un modo muy especial.

Le causas muchos disgustos a Dios cuando no piensas en Él. Imagínate el trato que se tienen unos amigos. Con frecuencia hay un amigo al que preferimos, al que comprendemos mejor y no le ocultamos nada. Si este amigo ve que no le prestamos atención, que no le dirigimos la palabra, ni siquiera una mirada que le manifieste que sigue siendo nuestro mejor amigo, ¿no le causará tristeza? Así es como Dios actúa con nosotros. Ciertamente Él ama a muchas almas, pero, ya te lo he dicho muchas veces, aunque no lo merezcas como tantas otras, Él te ama de un modo especial, y tu indiferencia le causa una pena mucho más dolorosa porque espera un amor recíproco de tu corazón, para inundarte de gracias. El buen Dios es sensible a todo lo que haces y desea ardientemente que pienses en Él, porque, a pesar de tus ocupaciones, tus pensamientos han de ser siempre para ensalzarle en todo. Antes de hablar con las personas con las que tienes que tratar, Él debe tener siempre tu primera mirada; en una palabra, debes vivir y respirar solo para Él: ese es su derecho y Él es dueño de actuar como le place.

12 de diciembre. Dios desea que, antes de ir a la adoración perpetua, la hagas ante todo en tu corazón; tú me entiendes. Igualmente tienes que habituarte a hacer con frecuencia comuniones espirituales. Si te dispones de este modo, obtendrás frutos más abundantes y saludables.

30 de diciembre. No pidas nunca nada para tu salud; pero no rechaces lo que te den. No hace falta tener actitudes ridículas.

[Año 1876]

Enero. Cuando tengas algo que decir a la superiora y pueda esperar no tengas demasiada prisa por decírselo. Déjalo para otro momento, a fin de que te sirva para moderarte y mortificarte. Debes preparar a Jesús una morada en tu corazón para que pueda venir a descansar, como ya te he dicho. También es necesario que te prepares del mejor modo posible para recibir la santa Comunión. Piensa en ello desde la víspera, y sobre todo por la mañana, al despertarte.

No solo has de preparar una morada a Jesús, sino que también has de invitarle. Porque, ¿para qué serviría preparar un hermoso aposento a un amigo, si no se le invita nunca a entrar? Invita siempre con frecuencia a Jesús con tus deseos y, sobre todo, con tu amor.

Tienes que tener una vida interior tal que no pierdas nunca la presencia de Jesús, ni siquiera en los momentos de mayor trabajo en la escuela. Para llegar a esto, examínate mucho.

Con respecto a la gruta… Dios te ayudará y te suplirá en todo lo que no puedas hacer; pero si quieres agradarle, no hagas nada el domingo. Pídeselo lo más que puedas, eso es todo.

¡Dios desea hacer pronto de ti su apoyo, y de tu corazón su santuario!

Febrero. Sí, es verdad que en el Cielo Dios recibe adoración infinita; pero como es en la tierra donde le ultrajan, quiere igualmente recibir la reparación conveniente. Y Él quiere que seas tú quien haga esa reparación, amándole y compensando con tu ternura el abandono que sufre de todos. Tú sabes todo lo que te he dicho a este respecto.

Anunciación. Cuando Dios quiere a un alma solo para Él, comienza por triturarla, poco a poco, como la manzana bajo la muela de un molino para exprimir el jugo, así la tritura en sus pasiones, en la búsqueda de sí misma, en una palabra, en todos sus defectos; luego, cuando esta alma ha sido triturada así, Él le da la forma que quiere y, si ella es fiel, no tarda en ser completamente transformada; solamente entonces el buen Jesús la colma de sus gracias de elección y la inunda de su amor.

16 de julio. La Eucaristía debe ser para ti un imán que te atraiga cada vez más. La Eucaristía, en una palabra, debe ser el móvil de tu vida entera.

28 de agosto. No tengas ningún deseo, solo el de amar cada vez más a Dios y de unirte a Él siempre más. Debes tratar de llegar a tener cada día una mayor vida interior y de estar más unida a Jesús. Tu camino ha de ser una vida interior y de unión a Jesús a través de los sufrimientos corporales y espirituales y sobre todo por medio del amor.

¡Si quisieras corresponder a los planes de Dios, con esta vida que te pide de modo particular, no sabría decirte hasta qué grado de santidad y de unión querría llevarte, ni qué gracias te concedería!... Ya te he contado algunas, pero otras las desconozco. ¡Oh! ¡Vigílate mucho! ¡Es necesario que tu sola presencia inspire la piedad!

30 de agosto, retiro. El retiro es para toda la comunidad, es verdad, pero el buen Dios permitirá que todas las predicaciones estén dirigidas de algún modo para ti. Pon mucha atención. ¡Es necesario que el retiro te haga llegar a ser santa!

Dios ha hecho tu corazón para Él solo. Abandónate en nuestro Señor sin mirar nunca ni atrás ni adelante. Arrójate en sus brazos divinos, estréchate a su Corazón y no temas nada.

Cada mañana reza una breve oración a nuestro Señor para adorarlo en todas las iglesias donde está abandonado. Ten eso en tu pensamiento y dile entonces cuánto le amas y que quieres compensarle por el abandono en el que se le deja. Renueva estas intenciones varias veces durante la jornada. Será muy agradable a Jesús.

Dios desea que pienses siempre en Él, que hagas todo bajo su divina mirada: tus oraciones, el trabajo; en una palabra, que no lo pierdas de vista en lo que te sea posible. Pero todo esto lo debes hacer con tranquilidad, sin afectaciones, que no se note: que solo Jesús sepa lo que sucede entre tú y Él. Ten siempre los ojos bajos cuando no seas la encargada de vigilar y también entonces hazlo del modo más modesto posible. No tengas ningún respeto humano. Sé siempre muy humilde. Haz amar a Dios todo lo que puedas. Deja pasar lo intrascendente y pasa tú misma desapercibida. Si te ves obligada a mostrarte, hazlo con sencillez y refiérelo todo a Dios, sin turbarte si, después de haber hecho todo para agradarle, tu iniciativa tiene buen éxito o no.

No tengas ningún deseo, sino amar siempre, cada vez más, a Dios.

Al terminar el retiro, hazte el propósito de pensar con frecuencia en lo que voy a decirte: ¡Solo Dios! ¡Mi Dios y mi todo!… ¡Todo pasa y pasa rápido!… El tabernáculo es mi reposo; la Eucaristía, mi vida; la cruz, mi heredad; María, mi Madre; el Cielo, mi esperanza.

Sí, a Dios le agradará que por las mañanas no le pongas mantequilla al pan.

20 de noviembre. No juzgues nunca, ni critiques lo que hacen tus hermanas. Tú no responderás por ellas y tampoco busques imitarlas. Dios no pide a todos la misma perfección. Mortifícate tú y no te fijes si los otros no hacen lo que tú haces, porque el buen Dios no se lo pide.

No quieres creerte lo que te digo. Has visto esta mañana lo que Dios quiere de ti, porque te ha concedido el signo que le has pedido… ¡Y bien! Sí, Dios quiere que te portes con Él como con el amigo más cariñoso y sincero, sin tener ningún miedo. Es verdad que su majestad impresiona y que tú eres una miserable para atreverte a tener relaciones tan íntimas con Jesús, pero ¿no es Él dueño de enriquecer a quien es pobre? Pídele lo que quieres a Jesús, que te hará rica en virtudes, pero, mientras tanto, continúa actuando conforme a las inspiraciones que recibes. Ensancha tu corazón pues lo que Jesús desea sobre todo es ver amor en él. ¡Cuántas gracias obtendrías, si fueras fiel!… Gracias en las que no has pensado nunca.

Navidad. ¡Cuando sufras algún dolor, no te quejes con todo el mundo! Eso no te producirá ningún alivio. Debes contárselo primero a Jesús; sin embargo, a menudo se lo cuentas el ultimo.

Sí, estoy muy consolada, y creo que el fin de mi exilio no está lejano. ¡Ah! ¡Si supieras cuánto deseo ver al buen Dios!… Pero no es necesario que nadie lo sepa, excepto tú. Es importante que, a pesar de todas estas experiencias sobrenaturales, seas muy natural, muy sencilla, que nadie lo advierta ni pueda enterarse de lo que sucede… Lo mismo en todo lo demás. Tú me entiendes: escóndete lo más posible, sin, por ello, dejar de lado tus deberes; que todo sea sencillo. El buen Dios quiere que solo Él sepa lo que acontece en tu interior.

[Año 1877]

Enero. Apóyate tranquilamente en el Corazón adorable de tu Jesús. Cuéntale todas tus penas como a un amigo; Él te comprenderá, pero lo que te he dicho del rincón de su divino Corazón, te será desvelado solo cuando avances más en la vida interior.

No te aflijas por las penas que te causan tus alumnas. Yo rezo por ti diariamente para que no pierdas la paciencia.

13 de febrero, delante del Santísimo Sacramento. ¿Ves lo solo que está Jesús? Sin embargo podría haber más personas con Él en este momento si hubiera un poco de buena voluntad. Pero, ¡cuánta indiferencia…, también entre las almas religiosas! Nuestro Señor es muy sensible a esto. Al menos, ámalo tú en lugar de estas almas injustas y el buen Dios será consolado de estos desprecios.

12 de mayo. ¡Mortifica tu cuerpo, pero sobre todo tu espíritu! Olvídate de ti misma, renuncia totalmente a ti misma. No mires nunca lo que hacen los demás. El buen Dios no les pide a todas las almas la misma santidad. No todas son iluminadas con la misma luz; pero tú, a quien Jesús ilumina, no mires nada sino a Él, que solo Él sea tu meta en todo.

Antes de cualquier acción, examina si le vas a complacer, que sea lo más importante para ti. Su mirada, su amor y su beneplácito deben bastarte. Una indiferencia, una falta de atención de tu parte le ofende; en cambio, cuando te acuerdas de su santa presencia, cuando le glorificas en algún pequeño detalle, una mirada, una pequeña atención hacia Él, le agradan mucho. Él es muy sensible a esto.

Vigila tu interior y no dejes escapar ninguna de las gracias del buen Dios. No hagas mucho caso de tu cuerpo. Olvídate de ti misma de buena gana. Arrójate con sencillez en los brazos de Jesús y Él no te abandonará en los problemas. Solamente ten una confianza ilimitada en su bondad. Si supieras qué grande es su poder, ¿pondrías obstáculos a su omnipotencia? ¡Qué no haría Él por un alma que ama!

13 de diciembre. En tus acciones no busques complacer a nadie sino solo a Dios. Debes hacerlo todo por Él, sin respetos humanos y sin cansarte nunca; tú sabes bien lo que nuestro Señor te ha recomendado al menos veinticinco veces al día. Si amas verdaderamente a Dios, no te negará nada de cuanto le pidas… Sí, eres miserable, es verdad, humíllate. Sin embargo, Jesús no siempre concede sus gracias a los más santos.

Prepárate siempre con gran diligencia para recibir la santa Comunión, para la confesión, para el oficio divino; en una palabra, para todo lo que tiene como fin una unión más grande con nuestro Señor.

A ti debería serte más fácil que a otros ver a Jesús siempre presente en tu corazón; ¡después de las gracias que te ha concedido, no deberías encontrar dificultad en recogerte!

Ya te he dicho que Dios busca en el mundo almas que le amen, pero con un amor de niño, con una ternura respetuosa, sí, pero llena de cariño. ¡Pero no hay almas así! Hay menos de las que se creen. ¡Cuánto se encoge el corazón del buen Dios! Se considera demasiado grande al buen Jesús para acercarse a Él y el amor que se le tiene es muy frío. El respeto al final degenera en una cierta indiferencia. Yo sé que no todas las almas pueden comprender este amor que nuestro Señor pide; pero tú, a quien Jesús se lo ha hecho comprender, repara esa indiferencia y frialdad. Pídele que te agrande el corazón para que pueda caber mucho amor. Por tu ternura y por las respetuosas familiaridades que Jesús te permite, puedes reparar lo que no todos pueden comprender. ¡Hazlo así y, sobre todo, ámale mucho!

No te canses nunca de trabajar. Comienza cada día como si todavía no hubieras hecho nada. Esta continua renuncia a tu propia voluntad y a las comodidades, a tu propio modo de ver, es un largo martirio muy meritorio y muy agradable a Dios.

Dios te quiere de un modo excepcional, no en cuanto a lo exterior, sino en cuanto a lo interior. Te pide que llegues a una unión muy grande con Él, de modo que no lo pierdas nunca de vista, ni siquiera en el ardor de tus ocupaciones.

[Año 1878]

Agosto, retiro. Los grandes pecadores y quienes han permanecido casi toda su vida lejos de Dios por indiferencia, y también los religiosos que no viven como deberían, están en el gran purgatorio; allí no se les aplican las oraciones que se hacen por las almas. Como se han mostrado indiferentes hacia Dios durante su vida, Él se muestra indiferente hacia ellas y las deja en una especie de abandono, a fin de que reparen así su vida, que ha sido nula.

¡Ah! ¡Tú, que estás todavía en la tierra, no puedes imaginarte ni hacerte una idea adecuada de lo que es el buen Dios! Nosotros a veces lo sabemos y comprendemos, porque nuestra alma está separada de todos los lazos que la retenían y le impedían comprender la santidad, la majestad de Dios, su gran misericordia. Somos, por así decir, mártires, nos derretimos de amor. Una fuerza irresistible nos empuja hacia Dios como a nuestro centro y, al mismo tiempo, otra fuerza tira de nosotros hacia el lugar de expiación. Estamos en tal estado como ahogadas por la imposibilidad de satisfacer nuestros deseos. ¡Oh! ¡Qué pena! Pero nos lo merecemos, y aquí no hay ninguna murmuración. Nosotras queremos lo que quiere el buen Dios. Solo en la tierra no puede comprenderse lo que sufrimos.

¡Sí! Estoy muy consolada. Ya no estoy más en el fuego. ¡Aunque el deseo de ver a Dios es un sufrimiento muy doloroso! Siento que el término de mi exilio se aproxima, y a ese momento aspiro con todos mis deseos. Yo así lo percibo. Me siento poco a poco liberada; pero, decir el día y el instante, no lo sé. Solo Dios lo sabe. Quizá deban transcurrir aún muchos años con el deseo tan grande del Cielo. Sigue rezando por mí, yo te lo recompensaré más tarde, aunque ya rezo mucho por ti.

¡Oh! ¡Qué grandes son las misericordias de Dios contigo! ¿Quién puede comprenderlo? ¿Por qué Jesús actúa así contigo? ¿Por qué te ama más que a otros? ¿Por qué tiene todavía tantas gracias para concederte? ¿Es acaso porque las mereces? ¡No! ¡Y mucho menos que otras muchas almas! Pero Él quiere actuar así contigo; Él es dueño de sus gracias. Sé pues muy agradecida siempre. Permanece siempre en espíritu a sus divinos pies y déjalo hacer. Vigila mucho tu interior. Sé muy fiel y examina constantemente lo que puedes hacer para agradar a Jesús. ¡No tengas ojos, ni corazón, ni amor, si no es para Él! Consulta siempre todo. Abandónate a su voluntad y después quédate tranquila. Todo lo que te he dicho se cumplirá; no pongas ningún obstáculo. Es Jesús quien así lo quiere.

Las personas se pierden, únicamente, porque ellas lo han querido a toda costa. Para llegar a este extremo, han debido ocurrir muchísimos rechazos a millares de gracias y de buenas inspiraciones que Dios les enviaba; es, pues, por su propia culpa.

Cuando llegue, ya te lo diré; pero yo pienso que las grandes fiestas se celebran en el Cielo con un aumento de éxtasis, de admiración, de acción de gracias y, sobre todo, de amor.

Respecto de lo que te he dicho, es necesario que llegues a una unión muy grande con Dios, que nada te turbe: penas, alegrías, éxitos, fracasos, modos amables o maleducados. Que nada de esto te impresione, ni siquiera un poquito, que Jesús domine todo en ti, que tengas sin cesar tu mirada interior puesta en Él para descubrir sus más pequeños deseos.

¿Qué no ha hecho Jesús por ti? ¿Qué no hará todavía? Ocúpate de tu aspecto exterior, pero lo interior es otra cosa, ya lo sabes. Ocúpate únicamente de lo que te concierne; recoge la mirada a todo lo demás. Habla poco y en voz baja, y entretente siempre con Jesús. ¡No! Tú no le cansas, esto es lo que espera de ti. Sé buena con las alumnas. No las trates duramente. Sé ingeniosa para mortificarte, para doblegar tu voluntad. Si alguna persona antipática te lastima, aprovéchate y niégate a ti misma; Jesús estará contento. ¿Qué te queda por hacer? Es necesario que hagas callar a tu propio yo, y aceptar lo que Jesús quiere, no permitas que se anteponga tu amor propio; acepta lo que agrada a Jesús a ojos cerrados.

¿Por qué cuando rezo por ti lo hago con menos fervor que por otros y, con frecuencia, te olvido?
No te preocupes de eso, es el buen Dios quien lo permite. Además, es una especie de castigo para mí. Aunque reces más, no

recibiré una mayor consolación. Dios lo quiere así. Si desea que ruegues más por mí, Él te lo inspirará.

Te lo repito una vez más, no tengas miedo de mí. No verás los sufrimientos que padezco. Más adelante, cuando tengas más fortaleza en el alma, verás a las ánimas del purgatorio, pero a ninguna en un estado muy repugnante. Pero no pienses que es para asustarte. El buen Dios te dará entonces las fuerzas necesarias y todo lo que ocurra será para cumplir su voluntad.

¿No es quizá esto un castigo?

¡Claro que no! Estoy aquí para mi alivio y para tu santificación. Si quisieras poner un poco más de atención en lo que te digo…

Es verdad, pero todo esto es para mí extraordinario y ¡no sé qué pensar! No es ordinario escucharte de tal modo.

Comprendo bien tus dudas. Conozco tus pensamientos pero, dado que Dios lo permite, y que esto me alivia, ¿no podrías tener un poco de compasión de mí? Cuando sea liberada, verás cómo te agradeceré todo lo que has hecho por mí. Yo ya rezo mucho por ti.

¿Dónde se encuentra sor…?

En el gran purgatorio, donde no recibe las oraciones de nadie. Dios, a menudo, está contrariado por la muerte de muchos religiosos (si se puede hablar así), pues Él había llamado a estas almas para que lo sirvieran fielmente en la tierra y, después, llevarlas inmediatamente a glorificarlo en el Cielo… Y, desgraciadamente, sucede lo contrario; por su infidelidad han de permanecer largo tiempo en el purgatorio, mucho más que las personas del mundo, que no han recibido tantas gracias.

[Año 1879]

Septiembre, retiro. Nosotros vemos a san Miguel como vemos a los ángeles, que no tienen cuerpo. Viene al purgatorio a buscar a todas las almas que se han purificado, porque él es quien las conduce al Cielo. Sí, es verdad, él está en medio de los serafines, como ha afirmado Monseñor. Es el primer ángel del cielo. También nuestros ángeles custodios vienen a visitarnos, pero san Miguel es mucho más hermoso que ellos. En cuanto a la Santísima Virgen, nosotros la vemos con su cuerpo. Ella viene al purgatorio en sus fiestas y regresa al Cielo con muchas almas. Mientras está con nosotros, no sufrimos; san Miguel la acompaña, pero, cuando él está solo, sufrimos como de costumbre.

Lo que te he contado del gran purgatorio y del segundo purgatorio es para hacértelo comprender. Con esas expresiones intento decirte que aquí hay diferentes grados. Llamo gran purgatorio al lugar donde están las almas más culpables; yo permanecí allí dos años, sin poder dar ningún signo de mis tormentos, fue cuando tú me oíste gemir; tú supiste que estaba allí cuando comencé a hablarte.

El segundo purgatorio, que es todavía purgatorio, es diferente del primero; también allí se sufre mucho, pero menos que en el primero. En fin, hay todavía un tercer lugar, que es el purgatorio de deseo. Allí no hay fuego. Allí están las almas que no han deseado mucho el Cielo, que no han amado suficientemente al buen Dios. Yo me encuentro precisamente allí en este momento; y en estos tres purgatorios hay todavía muchos grados. En la medida que un alma se purifica, no sufre los mismos tormentos. Todo es proporcional a las faltas que tiene que expiar.

¿Por fin te vas a dar ahora gustosamente a Dios, después de todo el tiempo que te he atormentado para que lo hagas?

El retiro ha sido bueno y dará sus frutos; el diablo no se ha quedado contento.

El buen Dios ama mucho al sacerdote que ha impartido los ejercicios.

Dile al buen sacerdote que le agradezco el memento en la Misa que te ha prometido hacer por mí. De mi parte, no seré una ingrata; le pediré a Dios que le conceda las gracias que necesita.

Has hecho bien en contarle esta tarde todo lo que te he dicho. Es san Miguel quien te lo ha enviado; la comunidad lo ha aprovechado, pero es verdad que ha venido sobre todo por ti. San Miguel, que te ama y que te protege desde hace mucho tiempo, ha querido que uno de sus misioneros fuera quien conociese todo lo que te he dicho. El buen Dios tiene sus designios sobre él. Los conocerás pronto. Más adelante, podrás darle noticias más precisas sobre san Miguel.

Me preguntas si el padre Prével le es grato a Dios. Esto es lo que le dirás: que continúe actuando como lo ha hecho hasta ahora; es agradable a Dios y lo que el buen Dios más ama de él es su gran pureza de intención, su vida interior y su bondad por las almas. Dile que siga uniéndose cada vez más al Corazón de Jesús. Cuanto más íntima sea su unión con Dios, sus acciones y su vida entera serán más dignas del Cielo y aprovecharán más a las almas. No se espera de él una perfección ordinaria. Que él recomiende en las misiones y retiros el ofrecimiento de las obras de cada día, porque en el mundo, e incluso en las comunidades, no se piensa suficientemente en esto. Y sucede que muchas acciones, buenas en sí mismas, no tendrán recompensa en el último día, porque no han sido ofrecidas al buen Dios antes de realizarlas. Que nunca se desanime, si se ve que sus esfuerzos no tienen el éxito que él desea; que piense que Dios está contento y satisfecho de su actividad apostólica, ¡aunque no haya podido suscitar en los corazones sino un cuarto de hora de amor…!

Lo que te acabo de contar, me lo ha dado conocer Dios porque el padre te ha acogido bien cuando le hablaste el otro día. Haz lo que te ha dicho. Escríbele todo lo que sabes a través de mí. No olvides nada, y aprovecha todos los consejos que te dará al respecto. Como ya te he dicho, es Dios quien lo ha enviado. Dios tiene grandes designios para actuar así contigo. Sé muy fiel a todas las gracias que te hace el buen Jesús. Si, después, como espero, Dios me da a conocer otras cosas para el padre, yo te las diré. Agradécele de nuevo sus oraciones y dile que no seré ingrata. Rezaré por él como hago por ti.

***

Piensa que Dios quiere que llegues a ser santa. Tú podrás decir que esto no puede ser de un día para otro, pero, ¿desde hace cuánto tiempo no está Jesús insistiéndote y yo también? Por tanto, ahora es el momento, tienes que ponerte a trabajar en serio; lo has visto particularmente durante este retiro. No pongas obstáculos a la gracia; déjate conducir por Dios como Él quiera.

Pero, sobre todo, no pongas resistencia a ninguna de sus inspiraciones. Somete tu naturaleza y tu propio yo; aligerada de esa carga, caminarás siempre hacia adelante sin desanimarte nunca. Ruega mucho por mí, a fin de pueda alcanzar cuanto antes el objeto de mis grandes y profundos deseos. Te seré aún más útil en el Cielo que aquí. El día de la clausura del retiro tuviste un buen pensamiento invitándome a adorar a Jesús, presente en tu corazón, durante la acción de gracias. Si siempre lo hubieras hecho, habría tenido mayor alivio. Hazlo ahora, y también antes de todas tus oraciones. Luego, ofrece también por mí un poco de tu trabajo. Tengo un deseo tan grande ver al buen Dios.

Sí, los pequeños cuadernos le agradan mucho a Dios. Es el camino más corto para llegar a una gran perfección y una unión íntima con Jesús.

Yo espero, desde hace mucho tiempo, un poco más de amor en todo lo que haces. Cuanto más ama un alma a Jesús, más meritorias son sus oraciones y sus acciones. En el Cielo solo será recompensado el amor. Todo lo que se haga con otra intención no vale nada y, por consiguiente, se perderá. Ama, por tanto, de una vez por todas a Jesús, como Él lo desea. Nos darás un gran consuelo.

¿Está Dios más contento de mí en estos días?
Sí, Él está más contento de ti porque buscas con mayor empeño agradarle. ¿Has notado su bondad? ¿Has observado las atenciones que te tiene? ¿No te ha dado esto alegría? Bueno, así es como actuará siempre contigo. Cuanto más hagas por Él, más hará Él

por ti. Yo estoy muy contenta de ver que realmente quieres amar al buen Dios y trabajar por conseguir la perfección; si tuviera que pasar un poco más de tiempo en el purgatorio, lo haría de buena gana, si supiera que por este sufrimiento llegarías al estado en el que Dios quiere verte para realizar sus designios.

No mires nunca atrás para examinar demasiado meticulosamente tu conducta. Ponlo todo en las manos de Dios y camina siempre hacia adelante.

Tu vida debe resumirse en dos palabras: ¡sacrificio, amor! Sacrificio de la mañana a la noche, pero también, al mismo tiempo, ¡amor!

¡Si supieras lo que es el buen Dios! No habría sacrificio que no quisieras hacer, no habría sufrimiento que no quisieras soportar por verlo solamente un minuto y, entonces, te encontrarías tan satisfecha y consolada, ¡aunque no volvieras a verlo nunca jamás! ¿Qué será, pues, verlo por toda la eternidad?

Para ti no existe el término medio. Algunas almas se salvarán así, pero tú serás o una gran santa o una gran pecadora; escoge. Acuérdate de que un día, en el curso de uno de tus primeros retiros, hace mucho tiempo, te conmoviste por este pasaje: ¿hay almas a las que no se les aceptan medianías? Serán o ángeles o demonios. Aplícatelo. ¡Pues luego te has dado cuenta de que era para ti!

***

13 de agosto. Tengo muchas cosas que decirte que sólo tú y el padre comprenderéis. ¿Has pensado darle gracias a Dios por habértelo enviado? Reza por él todos los días.

¿Cuál es el mejor modo de glorificar a san Miguel?

El modo más eficaz para glorificarlo en el Cielo y en la tierra es recomendar lo más posible la devoción a las ánimas del purgatorio y dar a conocer la gran misión que cumple con las almas sufrientes. Es a quien Dios ha encargado llevar a las almas al lugar de expiación y de introducirlas, después de su purificación, en la eterna morada. Cada vez que un alma aumenta el número de los elegidos, Dios es glorificado por ello y esta gloria recae, en cierto modo, sobre el glorioso ministro del Cielo. Es un honor para él presentar al Señor las almas que cantarán sus misericordias y unirán su gratitud a la de los elegidos por toda la eternidad. No soy capaz de hacerte comprender todo el amor que el celeste arcángel tiene por su divino Señor y el que, a su vez, Dios tiene por san Miguel, como también el amor y la gran piedad que el santo arcángel nos prodiga. Él nos anima en nuestros sufrimientos, hablándonos del Cielo. Dile al sacerdote que, si quiere agradar a san Miguel, recomiende insistentemente la devoción a las ánimas del purgatorio, en la que ya no se piensa en el mundo. Cuando mueren los propios parientes y amigos, se hace alguna oración, se llora algún día, ¡y después todo termina ahí! Las ánimas quedan abandonadas; es verdad que lo merecen, porque en la tierra no rezaron por los difuntos, y el Juez Divino no nos concede, en el otro mundo, sino aquello que hicimos en este. Las personas que han olvidado a las almas del purgatorio serán, a su vez, olvidadas; es justo, pero si les hubieran sugerido rezar por los difuntos, si les hubieran informado un poco de lo que es el purgatorio, quizá habrían actuado de manera distinta.

Cuando Dios lo permite, nosotros podemos comunicarnos directamente con el arcángel, a la manera como los espíritus se comunican con las almas.

¿Cómo se celebra la fiesta de san Miguel en el purgatorio?

El día de su fiesta, san Miguel vino al purgatorio y regresó al Cielo con muchas almas. Sobre todo aquellas que fueron devotas mientras vivían.

¿Qué gloria recibe san Miguel de su fiesta en la tierra?

Cuando se celebra la fiesta de un santo en la tierra, él recibe en el Cielo una gloria accidental; incluso cuando no se le festeja, en memoria de las acciones heroicas que ha realizado en su vida o de la gloria de Dios que ha procurado, hay igualmente en el Cielo una recompense especial ese día; esta recompensa consiste en un aumento de la gloria accidental, unida a la que le procura la memoria que se hace de él en la tierra. La gloria accidental que recibe el ángel es superior a la de otros santos, puesta esta gloria de la que te hablo es proporcionada a la grandeza de su mérito y de aquel que la recibe, como también al valor de la acción que ha merecido tal recompensa.

¿Conocéis las cosas de la tierra?

Yo no conozco más de lo que Dios permite, y mi conocimiento es limitado. Conozco algo de la comunidad, pero es todo. Yo no sé lo que pasa en el interior de las almas de otras personas, con excepción únicamente de la tuya, y esto porque Dios lo permite para tu santificación. Lo que te he dicho algunas veces con respecto a ciertas personas en particular, y las que te contaré, es porque Dios me lo da a conocer en el momento; pero fuera de eso, no sé nada de otras cosas. Otras almas tienen conocimientos más amplios que yo; todo esto es proporcional a sus méritos. Por ejemplo, sobre los parientes de tu padre yo no sé, en este momento, la voluntad de Dios sobre ellos… ¿Puede que la conozca más tarde? No lo sé. Rezaré a Dios por ellos, y los encomendaré a san Miguel.

***

En cuanto a los grados del purgatorio, te lo puedo decir porque yo he pasado por ellos. En el gran purgatorio, hay diferentes grados. En el más bajo es en el que más se sufre, es un infierno temporal, están los pecadores que han cometido crímenes enormes durante su vida y la muerte los sorprende en ese estado, sin haber tenido apenas tiempo de reconocerlos. Han sido salvados como por milagro, a menudo por las oraciones de parientes piadosos y de otras personas. A veces no han podido confesarse, y se piensa que se han perdido, pero Dios, en su infinita misericordia, les ha dado en el momento de la muerte la posibilidad de una contrición necesaria para salvarse, en atención a alguna o algunas acciones que han hecho durante su vida. Para estas almas, el purgatorio es terrible. Es una especie de infierno, con la diferencia de que en el infierno se maldice a Dios, mientras que en el purgatorio se le bendice y se le agradece haberse salvado.

En seguida vienen las almas que, sin haber cometido grandes crímenes, como las primeras, se han mostrado indiferentes a Dios. En su vida no han cumplido el precepto pascual y, convirtiéndose en el momento de la muerte, muchas no han podido tampoco recibir la Santa Comunión; están en el purgatorio como penitencia por su larga indiferencia, sufriendo penas inauditas, abandonadas, sin plegarias… donde si se hace algo por ellas, no reciben ningún provecho.

Luego, finalmente, están en este purgatorio las religiosas y los religiosos tibios, que olvidaban sus propios deberes y que eran indiferentes para con Jesús; y los sacerdotes que, no habiendo ejercido su ministerio con la reverencia debida a su Majestad soberana, no han hecho amar suficientemente a Dios a las almas que les eran confiadas.

Yo he estado en este grado.

En el segundo purgatorio se encuentran las almas que mueren culpables de pecados veniales no expiados antes de la muerte. O bien con pecados mortales perdonados, pero que no han satisfecho suficientemente la justicia divina. También en este purgatorio hay diferentes grados, según los méritos de las personas. Así, el purgatorio de las personas consagradas, que han recibido más gracias, es más largo y más penoso que aquel del común de las almas.

En fin, el purgatorio de deseo, al que se le llama pórtico. Muy pocas personas lo evitan; es necesario, para evitarlo, haber deseado ardientemente el Cielo y la visión de Dios, y esto es raro, más raro de lo que se cree. Pues muchas personas, incluso piadosas, tienen miedo de Dios y no desean ardientemente el Cielo. Este purgatorio es como un martirio muy doloroso, como los otros; ¡qué doloroso es estar privado de la visión de Jesús!

¿Os conocéis entre vosotros en el purgatorio?

Sí, a la manera de las almas. No existen los nombres en el otro mundo. No se puede comparar el purgatorio con la tierra. Cuando el alma es liberada y desatada de su envoltura mortal, su nombre queda sepultado en la tumba con su cuerpo. Yo solo te explico muy poco lo que es el purgatorio, y tú lo comprendes un poco más que los otros por la luz que Dios te da. Pero ¿qué es esto comparado con la realidad? Nosotros aquí estamos perdidos en la voluntad de Dios, mientras que en la tierra, por muy santo que se sea, se conserva siempre la propia voluntad. Nosotros, en cambio, ya no la tenemos. Conocemos y sabemos solamente lo que le agrada a Dios que conozcamos, y nada más.

¿Habláis entre vosotros allí?

Las almas se comunican entre ellas cuando Dios se lo permite, al modo de las almas, sin palabras…

Sí, es verdad que te hablo, pero ¿acaso eres tú un espíritu? ¿Me comprenderías si yo no pronunciara estas palabras? Pero, en cuanto a mí, porque Dios así lo quiere, te comprendo sin que pronuncies palabras con los labios. Hay, por tanto, comunicación entre las almas, entre espíritus, incluso sin que hayan muerto. Por ejemplo, cuando tienes un buen pensamiento, un buen deseo, a menudo te son comunicados por tu ángel de la guarda, o por algún otro santo, a veces por Dios mismo: este es el lenguaje de las almas.

¿Dónde se encuentra el purgatorio? ¿Está en un lugar preciso?

Está en el centro de la tierra, cerca del infierno (como lo has visto un día, después de la Santa Comunión)⁹. Allí, las almas están en un lugar reducido, en comparación a la multitud de las que se encuentran en el purgatorio, pues hay millares de millares de almas… Pero ¿cuánto espacio hace falta para un alma? Cada día llegan muchos millares de almas, y la mayor parte se queda aquí entre treinta y cuarenta años; otras, mucho más tiempo, y otras, menos. Te digo esto haciendo cálculos como en la tierra, pues aquí es otra cosa. ¡Ay!, ¡si se supiera, si se conociera el purgatorio y se comprendiera que se llega allí por la propia culpa! Yo estoy aquí desde hace ocho años, y me parece que han pasado diez mil… ¡Oh, Dios mío! ¡Cuéntale todo esto a vuestro sacerdote! Que aprenda de mí lo que es este lugar de tormentos, para que él, sobre todo, lo haga conocer en el futuro. Él podrá comprobar de cuánto provecho es la devoción a las almas del purgatorio. A menudo, Dios concede más gracias por la mediación de las almas que sufren que por las de los mismos santos. Cuando quiera obtener algo con seguridad, que se dirija preferentemente a las almas que han amado más a la Santísima Virgen y que por ello esta buena Madre les desea liberar. Que él decida si le parece bien.

Hay también algunas almas que no pasan por el purgatorio, propiamente dicho; por ejemplo, yo ahora te acompaño durante el día por todas partes a donde vayas, pero cuando tú duermes, por la noche, sufro más; entonces yo estoy en el purgatorio. Hay almas que algunas veces hacen su purgatorio en los lugares en los que han pecado, otras al pie de los santos altares, donde se encuentra el Santísimo Sacramento; no importa dónde estén, ellas llevan siempre su sufrimiento consigo mismas, pero, por tanto, es un poco menos intenso que en el mismo purgatorio.

El sacerdote tiene buenas razones para decirte que no busques en todo lo que haces sino la santa voluntad de Dios. Esto será para ti la felicidad: ver su voluntad en todo lo que te pasa, penas y gozos, todo viene de Jesús igualmente. ¡Oh!, ¡sé buena, doblemente buena, para agradar a Dios, Él que es tan bueno congio! Ten siempre la mirada del alma fija en Él para adivinar sus más mínimos deseos. Mientras más lo busques para complacerle, más descubrirás su voluntad. Él no se dejará ganar en generosidad, al contrario, Él da siempre más de lo que damos. Sé, pues ingeniosa, en gastarte por su amor y para su gloria.

***

La inglesa que se ha ahogado en el Mont Saint-Michel se fue directamente al Cielo. Ha tenido la contrición requerida en el momento de su muerte y al mismo tiempo el bautismo de deseo. Todo esto ha sucedido así por la intervención de san Miguel. Feliz naufragio.

Con respecto al sacerdote que ha dejado su ministerio, san Miguel no se ha quedado satisfecho, pero Dios deja a cada uno su libertad. Él no quiere en su servicio sino a personas que libremente le rindan homenaje sin mirar hacia atrás nunca.

Dile al padre Prével, de parte de Dios, que continúe con gran ánimo todo lo que ha emprendido por Él, pero que sea prudente, es decir, que no haga más que lo que sus fuerzas le permiten. Rezaré por él y por todas sus intenciones, y también por ti, como ya te lo he dicho.

Pío IX ha ido derechito al Cielo: ha tenido su purgatorio en la tierra.

¿Cómo sabes que M. P. ha ido directamente al Cielo si no la has visto pasar por el purgatorio?
Es el buen Dios quien me lo ha dado a conocer; es Él también, por su bondad, quien permite que te conteste a lo que me preguntas, cuando yo no lo he visto o no lo he experimentado por mí misma. La justicia de Dios nos retiene en el purgatorio, es verdad, y nosotros nos lo merecemos, pero créeme, su misericordia y su corazón paternal nos dejan algún consuelo. Nosotros deseamos ardientemente nuestra unión con Jesús, pero Él la desea más que nosotros. A menudo, Él se comunica íntimamente en la tierra con algunas almas (porque muy pocas quieren escucharlo) y le agrada revelar sus secretos. Las almas que reciben sus favores son aquellas que buscan agradarlo en todo con su conducta y que no viven ni respiran sino para Jesús y para agradarle.

En el purgatorio hay almas muy culpables, pero arrepentidas y, aún con las faltas que tienen que expiar, son confirmadas en gracia y ya no pueden pecar: son perfectas. Ahora bien, en la medida en que el alma se purifica en el lugar de expiación, comprende mejor a Dios, o, mejor, Dios y ella se comprenden mejor sin verse aún, pues si se vieran ya no sería el purgatorio.

Si nuestro conocimiento de Dios no fuera mayor en el purgatorio que en la tierra, nuestros suplicios no serían tan dolorosos, nuestro martirio no sería tan cruel; nuestro principal tormento es la ausencia de Aquel que es el único objeto de nuestros profundos deseos, a quien ya conocemos.

Y cuando un alma está destinada a tener un lugar más hermoso en el Cielo, ¿no tiene también en el purgatorio más gracias que otras?

Sí, cuanto más elevado es el sitio al que está destinada un alma, y por lo mismo, a conocer mejor a Dios, más abundante es su conocimiento y su unión más íntima con El en el lugar de expiación. Todo aquí es proporcional al mérito.

Los tres amigos de V. P. están en el Cielo desde hace mucho tiempo.

Entonces, ¿qué ha ocurrido con las oraciones que el padre Prével ha hecho por ellos?

Las personas que están en el Cielo, y por las cuales se ora en la tierra, pueden disponer de estas oraciones por las almas a las que ellos desean que se les aplique. Es un recuerdo muy dulce para las almas del otro mundo ver que los parientes y amigos no se olvidan de ellas en la tierra, aunque no tengan ya necesidad de estas oraciones. A su vez, no son ingratas.

Los juicios de Dios son muy diferentes a los de la tierra. Él sabe cuándo se hace algo por temperamento o por carácter y cuándo se hace por ligereza y por malicia. A Él, que conoce el fondo de los corazones, le es fácil ver lo que ocurre; Jesús es muy bueno, pero, al mismo tiempo, también muy justo.

¿Qué distancia hay entre la tierra, que nosotros habitamos, y el purgatorio?

El purgatorio está en el centro del globo[10]. La misma tierra, ¿no es, quizá, un purgatorio? Algunas personas mientras viven lo hacen enteramente por penitencia voluntaria o aceptada: estos van, al morir, inmediatamente al Cielo; otros, lo comienzan allí, pues la tierra es siempre un lugar de sufrimientos, pero si no son muy generosas terminarán su purgatorio de la tierra en el purgatorio verdadero.

Las muertes inmediatas e imprevistas, ¿son una justicia o una misericordia de Dios?

Este tipo de muertes a veces son por justicia y a veces por misericordia. Cuando un alma es temerosa y Dios sabe que está preparada y lista para comparecer ante Él, para ahorrarles el espanto que podrían tener en el último momento, Él se la lleva de este mundo con una muerte inmediata. A veces, Dios también recoge las almas por su justicia. No están completamente perdidas, pero, privadas de los últimos sacramentos, o recibidos con prisa, sin estar preparadas para el último paso, su purgatorio es mucho más doloroso y se prolonga bastante. A otras, habiendo rebasado la medida de sus crímenes, y permaneciendo sordas a todas las gracias divinas, Dios las saca de la tierra para que no provoquen más su venganza.

El fuego del purgatorio, ¿es un fuego como como el de la tierra?

Sí, con una diferencia: que el fuego del purgatorio purifica por la justicia de Dios, y el de la tierra es muy tolerable en comparación con el del purgatorio. Es como una sombra en comparación con los grandes braseros de la justicia divina.

¿Cómo puede quemarse un alma?

Se puede por el justo permiso del buen Dios, porque el alma ha sido verdaderamente la culpable, el cuerpo solo obedecía (en realidad, ¿qué pecado ves cometer a un cuerpo muerto?); por esto el alma sufre como si sufriera con el cuerpo.

***

Dime, ¿qué ocurre en la agonía y luego después? ¿El alma se encuentra en la luz o en las tinieblas? ¿Bajo qué forma se pronuncia la sentencia?

Yo no tuve agonía, tú lo sabes. Pero puedo decirte que, en este último momento decisivo, el demonio despliega toda su rabia alrededor de los moribundos. El buen Dios permite que padezcan aquellas últimas pruebas, esos últimos combates, para que las almas tengan más mérito: las almas fuertes y generosas, a fin de alcanzar un sitio aún más hermoso en el Cielo, a menudo se enfrentan al final de sus vidas, en el último trance de la muerte, a estas luchas terribles contra el ángel de las tinieblas y salen victoriosas (tú has sido testigo).

Dios no permite que un alma que le ha sido devota durante toda su vida se pierda en estos últimos momentos. Las personas que han amado a la Santísima Virgen, que la han invocado durante toda su vida, reciben de ella muchas gracias en sus últimas luchas. Sucede lo mismo con aquellas que han sido devotas de san José, de san Miguel o de algún otro santo. Es en estos penosos momentos, como ya te he dicho, cuando se experimenta la importancia y la felicidad de tener un intercesor ante Dios. Hay almas que mueren tranquilas, sin ninguna prueba de las que te he contado. Son los designios de Dios. Él hace, o permite, todo por el bien particular de cada uno.

¿Cómo puedo decirte o describirte lo que sucede después de la agonía? No es posible comprenderlo sin haber pasado por allí. Intentaré explicártelo lo mejor que puedo. El alma, dejando su cuerpo, se encuentra completamente perdida, toda investida, por decirlo así, de Dios. Se encuentra en una tal claridad que, en un abrir y cerrar de ojos, percibe su vida entera, y después de eso, lo que se merece. Es ella misma la que, en medio de esta visión tan clara, pronuncia su sentencia. El alma no ve a Dios, pero está anonadada por su presencia. Si es un alma culpable, como lo era yo, y, por consecuencia, merece el purgatorio, es de tal manera aplastada bajo el peso de sus faltas que quedan por expiar, que se sumerge ella misma en el purgatorio. Es solo entonces cuando se comprende a Dios, su amor por las almas y qué desgraciado es el pecador a los ojos de su divina majestad. San Miguel se encuentra allí cuando el alma deja su cuerpo, es a él a quien yo vi y al que ven todas las almas. Es como el testigo de la ejecución de la justicia divina. Yo también vi a mi ángel de la guarda. Esto es para hacerte comprender cómo puede decirse que san Miguel lleva a las almas al purgatorio. Pues un alma no se lleva a sí misma, él está allí presente en la ejecución de la sentencia. Todo lo que sucede en el otro mundo es un misterio para el tuyo.

Y cuando se trata de un alma que va directamente al Cielo, ¿qué ocurre?

Para esta alma, la unión que ha comenzado con Jesús en su vida continúa después de la muerte. He aquí el Cielo, pero la unión del Cielo es mucho más íntima que la de la tierra.

***

¿Por qué has actuado hoy de ese modo con el buen Dios? Él no está muy contento de tu conducta. Él, que es tan bueno contigo. Esto es ingratitud de tu parte. Y ¿por qué examinas la conducta ajena? Ocúpate solamente de la tuya, esto es suficiente. Asegúrate de no volver a actuar nunca como lo has hecho hoy.

Tienes razón de no querer los éxtasis. Pero hay que aceptarlos cuando Dios los manda, aunque Él no quiere que los desees. No son estas cosas las que llevan al Cielo. Una vida mortificada, humilde, es más agradable a Dios y mucho más segura. Es verdad que muchos santos han tenido revelaciones y éxtasis, pero eran una recompensa que Dios les daba después de largos combates y de una vida de renuncia. O, incluso, porque Él quería servirse de ellos para grandes cosas en vistas de su gloria; pero todo esto lo hacían sin ruido, sin estrépito, en el silencio de la oración, y, cuando alguien los descubría, se quedaban confusos, y a nadie hablaban de sus experiencias sino por obediencia.

El buen Dios te ha triturado en el pasado, pero ten paciencia y ten mucho ánimo, pues Él te triturará todavía más en el futuro cercano.

Dile a la madre superiora que, en el caso de que se encuentre con almas del carácter y del temperamento de sor X…, que esté atenta a no escuchar todo lo que ella o ellas le quieran decir.

Sobre lo que me dices, tranquilízate. He aquí cómo puedes saber si una gracia te ha sido dada por Dios. Estas gracias te llegan y se derraman sobre ti como un chubasco que te sorprende en medio de un bonito día mientras el cielo parece casi sereno. No debes tener miedo de haberlas buscado, ni pienses en ello. Lo has notado muchas veces. Son muy diferentes las gracias que se creen que nos han sido concedidas de parte de Jesús y que no son sino fruto de la imaginación, que ha trabajado mucho para producirlas. Hay que temer a dichas gracias porque el demonio se mete a menudo y se aprovecha de un cerebro débil, de un carácter flaco, de un juicio no muy recto; entonces engaña a aquellas pobres almas que, por los demás, no cometen pecado con tal de que se sometan a los consejos de quienes las dirigen. Y yo puedo decirte que, en estos tiempos, hay muchísimas de estas en todo el mundo. ¡El demonio actúa de tal modo para que la religión caiga en el ridículo! Pocas personas aman a Dios como Él desea. Se buscan a sí mismas, creyendo buscar a Dios, ¡y sueñan con una santidad que no es la verdadera!

Dime, pues, ¿en qué consiste la verdadera santidad?

Tú lo sabes bien, pero ya que me lo preguntas te lo repetiré, aunque te lo he dicho muchas veces. La verdadera santidad consiste en negarse a sí misma de la mañana a la noche, en sacrificarse, en saber poner constantemente a un lado el yo humano, en dejarse conducir por Dios como Él quiere, en recibir las gracias que provienen de su bondad con una profunda humildad, reconociéndote indigna, en mantenerte lo más posible en la santa presencia de Dios, en hacer todas tus acciones bajo su mirada divina, no buscando nada sino a Él como testigo de tus esfuerzos y pensando en Él como única recompensa, más todo lo que ya te he dicho antes. Esta es la santidad querida y exigida por Jesús a las almas que quieren ser únicamente de Él y vivir su vida. Lo demás no es sino ilusión.

***

Algunas almas tienen su purgatorio en la tierra por el sufrimiento, otras, por el amor, pues el amor tiene también su martirio. El alma que busca verdaderamente amar a Jesús se da cuenta, no obstante sus esfuerzos, de que ella no le ama cuanto desearía, y eso es un continuo martirio, ¡causado únicamente por el amor y que produce grandes dolores! Es, como te he dicho, similar al estado de un alma del purgatorio, que se lanza sin cesar hacia Aquel que es su único deseo y que, al mismo tiempo, no puede alcanzarlo porque su expiación no ha terminado.

Pídele a la madre superiora que te permita releer con alguna frecuencia lo que te he dicho en lugar de tu lectura. Toma un día a la semana, los jueves por ejemplo, pues ¿de qué sirve escribirlo si nunca lo relees? Terminas olvidándolo y no te lo digo para eso, sino para que lo aproveches.

Si no le hubiera dicho a nadie lo que me has contado, desde que te escucho, ¿qué habría pasado? Tú sabes que tengo un gran deseo de guardarme todo para mí misma.

Eres libre de guardarlo para ti sola, pero si no lo hubieras compartido, yo te habría aconsejado hacerlo, pues el Buen Dios no ha permitido nunca que la perfección de una persona venga directamente del Cielo. Mientras vivamos en la tierra, Él quiere que lleguemos a la perfección en la tierra, siguiendo los consejos que Él permite que nos den para tal objetivo. Has hecho bien en revelar aquello que te ha costado tanto contar. Por lo demás, todo esto no viene de ti y el buen Dios, que dirige todo para el bien de aquellos que lo aman, sabe, al mismo tiempo, sacar provecho para su gloria.

Noviembre-diciembre. La cuñada de… está en el purgatorio, donde sufre mucho. El reverendo padre puede aliviarla ofreciendo por ella el santo sacrificio de la Misa.

El viejo pecador ha sido salvado por la misericordia de Dios, como muchos otros. Se encuentra en el gran purgatorio.

El día y la octava de los difuntos, ¿aportan alegría y causan numerosas liberaciones en el purgatorio?

El día de los difuntos, muchas almas dejan el lugar de expiación para ir al Cielo, y por una gran gracia de Dios, solo ese día todas las almas sufrientes, sin excepción, se benefician de las oraciones públicas de la santa Iglesia, incluso los del gran purgatorio. Sin embargo, el alivio de cada alma es proporcionado a su mérito. Unas reciben más y otras, menos. Por tanto, todos sienten los efectos de esta gracia excepcional. Muchas pobres almas purgantes no reciben, por una justicia de Dios, sino solo este único alivio durante los largos años que pasan en el purgatorio. Sin embargo, no es el día de los difuntos cuando más almas suben al Cielo, sino en la noche de Navidad.

***

Hay muchas otras cosas que podría decirte, pero no tengo el permiso. Necesito que me las preguntes, entonces podré contestarte.

Estoy muy reconfortada por las eficaces plegarias del sacerdote. Dile que se las agradezco y también aquellas que tiene la caridad de hacer por mi intención. Yo rezo todos los días por él, como ya te he dicho. Espero hacer todavía más cuando llegue al Cielo. Dile también que yo sé que reza por mí y que lo hace por las otras almas del purgatorio. Por permiso de Dios, esto es muchas veces un sufrimiento más para ellas, porque las oraciones que se rezan por ellas no siempre les son aplicadas. En el purgatorio solo se reciben las oraciones de la tierra que el buen Dios quiere que cada alma reciba, según su disposición. Es un dolor que se suma al resto para las pobres almas al ver que las oraciones que se hacen para su propia liberación se aplican a otras. Muy pocas almas reciben las oraciones; la mayor parte están abandonadas, sin un solo recuerdo, ni una sola plegaria para ellas en la tierra.

En cuanto al tiempo de nuestra liberación, no sabemos nada. ¡Si conociéramos el término de nuestros sufrimientos, esto sería un alivio, un gozo para nosotros, pero no! Solo vemos que nuestros dolores disminuyen, que nuestra unión con Dios se hace más íntima, pero, aquel día (según los cálculos de la tierra, porque aquí no hay días) en el cual nos reuniremos con Él, lo ignoramos completamente; esto es un secreto de Dios.

Las almas del purgatorio no conocen el futuro, sino únicamente en la medida en que Dios se lo permite y quiere que lo conozcan. En proporción a sus méritos, algunas almas tienen más conocimientos que otras, pero ¿qué ventaja puede traernos conocer el futuro? A menos que interese para la gloria de Dios y el bien de algunas almas.

No hay que asombrarse si a veces el demonio y sus seguidores conocen cosas que se realizarán en el futuro. El diablo es un espíritu; por consiguiente, tiene muchos más recursos y conocimientos que cualquier persona de la tierra, a excepción de algunos santos a los que Dios alumbra con su luz. El diablo ronda por todas partes buscando hacer el mal; ve lo que pasa en el mundo y con su sagacidad puede prever bien las cosas que se realizarán. He aquí la única diferencia. Pobres los que se vuelven sus esclavos consultándolo; es un pecado que desagrada mucho a Dios.

¿Pueden equivocarse a veces las almas? ¿Puede permitirlo Dios?

Sí, no en cuanto a las cosas que existen, sino en lo que va a suceder, pero no hay en ello ninguna imperfección. No parece que Dios mismo cambie la orden de sus designios por eso. He aquí de qué manera sucede: puede ocurrir que Dios, en su justicia, quiera castigar a un país, a una provincia o a una persona; esa es la intención que Él manifiesta, pero si alguien de aquel país, o de aquella provincia, por la oración o por otros medios desarman su justicia, Dios los perdonará, cambiará o aminorará el castigo, según lo previsto en su sabiduría infinita. A menudo permite que los grandes acontecimientos sean predichos con anterioridad o bien Él se los da a conocer a algunas almas, a fin de que ellas prevengan y detengan su venganza: su misericordia es tan grande que Él no castiga sino cuando se ha llegado al extremo.

Con respecto a la persona de la que me has hablado, no te dije en ese momento las cosas como han sucedido. Era lo que Dios me había dado a conocer entonces; pero, debido a que cambió un poco su conducta, Dios le infligió la mitad del castigo que le había reservado si hubiera permanecido con sus mismas disposiciones. Es por esto por lo que te puede parecer que a veces se equivocan.

**

¿Se salvan muchos protestantes?

Por la misericordia de Dios, hay un cierto número de protestantes que se salvan, pero para muchos su purgatorio es largo y riguroso. Es verdad que ellos no han abusado de la gracia como muchos católicos, pero tampoco han tenido las insignes gracias de los sacramentos y otras ayudas de la verdadera religión. Esto es lo que hace que su expiación se prolongue largo tiempo en el purgatorio.

Te hablo más bajo de lo usual, porque tú le hablas muy bajo a Dios, desde hace ocho días, al rezar los salmos. Cuando hables más fuerte, yo haré lo mismo.

¿Se conoce en el purgatorio la persecución de que es objeto la Iglesia? ¿Conoces cuándo terminará?

Sabemos que se persigue a la Iglesia y rezamos por su triunfo, pero cuándo terminará la persecución lo ignoro. Puede que algunas almas lo sepan, yo no lo sé.

En el purgatorio, las almas no permanecen ocupadas únicamente en sus dolores. Ellas ruegan mucho por los grandes intereses de Dios, por las personas que abrevian sus sufrimientos, alaban y agradecen a nuestro Señor sus infinitas misericordias con respecto a ellas. Pues el límite entre el purgatorio y el infierno ha sido, para algunas almas, muy estrecho y poco faltó para que se precipitaran en el abismo. Juzga, por tanto, cuánto reconocimientos deben estas pobres almas arrancadas así de Satanás.

No puedo explicarte cómo nosotros ya no vemos la tierra como vosotros. Esto no se puede comprender hasta que el alma deje su cuerpo; entonces, la tierra que se acaba de dejar, abandonando en ella el cuerpo, no parece sino un punto en comparación a los horizontes sin fin de la eternidad que se abren ante ella.

Es necesario no hacer caso al "qué dirán". El verdadero mérito para un alma no consiste en recibir, con paciencia, los reproches que uno se merece, sino en recibir pacientemente aquellos que no se merecen. Sobre todo, cuando se ha hecho todo lo posible para hacer las cosas lo mejor que se puede, y eso es lo que se le reprocha.

¿Recibo mayor alivio por tus obras hechas en una gran unión con Jesús que de una de tus oraciones vocales? ¿Qué es a lo que Dios atiende? A todo lo que se hace con recogimiento. Cuanto más íntima es la unión de un alma con Él, más se escuchan sus peticiones: un alma íntimamente unida a Jesús es dueña de su Corazón.

Busca, pues, esta unión que Jesús espera de ti desde hace mucho tiempo. Tú le quieres agradar, he aquí el único modo: acércate, cada vez más, a su Corazón, pon mucha atención a los pequeños deseos de su divina voluntad. Es necesario que Él disponga de ti como Él quiera y que nunca encuentre resistencia de tu parte. Entonces, cuando hayas llegado a este punto, verás y comprenderás su bondad.

Pon mucha atención para obrar solo por Dios. No busques nunca a nadie salvo a Él como testigo de tus acciones. Antes de cualquier acción, guárdate de pensar en ti misma cosas como estas: "haré esto para darle gusto a tal persona; si yo hago esto así, le gustará a esta otra". A Dios no le gustan estos razonamientos humanos y menos de personas como tú. Dirige únicamente tu intención por el camino de agradar a Jesús, solo a Él. Si actuando así le das gusto a alguien, tanto mejor; pero si sucede lo contrario, ¡te aguantas! Dios estará contento, esto debe ser lo importante para ti.

8 de diciembre, 2 horas – Inmaculada Concepción. ¡Ay! Cuántas vidas parecen llenas de obras buenas y a la hora de la muerte estarán vacías… porque todas esas cosas buenas en apariencia, todas aquellas acciones clamorosas, toda aquella conducta aparentemente irreprochable, no tenían a Jesús como su único fin.

Se quería figurar, brillar, mostrar un exacto cumplimiento de sus deberes religiosos; que se le considerara una religiosa fiel a la regla, este es el móvil de muchas existencias. ¡Y en la otra vida, en el purgatorio donde me encuentro, qué decepción! ¡Si supieras las pocas personas que realizan todas sus acciones solo por Dios…! ¡Ay! ¡En el momento de la muerte, si no se está ciego, cuánto arrepentimiento habrá! ¡Oh! ¡Si se reflexionara a veces sobre la eternidad! ¡Qué es la vida comparada con aquel día que no tendrá fin para los elegidos, aquella noche que no tendrá mañana para los réprobos!

En la tierra uno desea y se apega a todo, excepto al Cielo que debería ser el único centro de nuestros afectos y en cambio lo rechazamos. Jesús en el sagrario espera corazones que lo amen y no los encuentra. ¡Apenas uno entre mil que le ame como deberíamos amarlo! ¡Ámalo tú! ¡Desagrávialo por esta indiferencia tan culpable que hay en el mundo!

Pero, en el purgatorio ¿se le ama?

Ciertamente, pero nuestro amor es de reparación; si nosotros en la tierra lo hubiésemos amado como deberíamos haberlo hecho, seríamos aquí menos numerosos, no habría tantas almas en el lugar de la expiación.

¿Es Jesús muy amado en el Cielo?

En el Cielo se le ama mucho. Allí es desagraviado, pero no es lo que Jesús desea. Él querría ser amado en la tierra; es en la tierra donde se ha anonadado en cada sagrario para que se le puedan acercar más fácilmente, y esto no ocurre así. Se pasa delante de una iglesia con mayor indiferencia que delante de un monumento público. Si a veces se entra en un lugar santo es más para ultrajar al divino prisionero que allí reside (con nuestra frialdad, con un mal comportamiento, con oraciones hechas de prisa y sin atención) que para decirle una palabra desde el corazón, una palabra de amistad y de gratitud por su inmensa bondad hacia nosotros.

Dile al padre Prével que Dios espera de él ese amor que muy raramente encuentra; él, que se acerca cada día a Jesús, que lo recibe en su corazón. ¡Oh!, dile que, en aquellos momentos benditos, repare con su ternura la indiferencia de tantos ingratos, que su corazón se consuma de amor delante de Jesús-Hostia, sobre todo por los sacerdotes, que, como él, tienen la misma dicha y que tratan los santos misterios con un corazón de hielo, se quedan fríos como el mármol ante este brasero de amor, y que no tienen ni una palabra afectuosa que decirle a Jesús. Que su unión con Dios sea cada día más íntima para que se prepare así para las grandes gracias que Jesús le reserva.

Te he dicho que hay almas que pasan su purgatorio al pie de los altares. No están allí en castigo de las culpas que hayan cometido en la iglesia; estas culpas, que ofenden directamente a Jesús presente en el sagrario, son severísimamente castigadas en el purgatorio. Las almas que se encuentran allí en adoración lo están en recompensa por su devoción al Santísimo Sacramento y por su respeto y comportamiento en el lugar santo. Ellas sufren menos que si estuvieran en el verdadero purgatorio, y Jesús, a quien contemplan al mismo tiempo con los ojos del alma y de la fe, endulza con su presencia invisible las penas que padecen.

[Año 1880]

Enero. La noche de Navidad, miles de almas han dejado el lugar de expiación para ir al Cielo; pero muchas se han quedado y yo soy una de ellas. A veces me dices que la perfección de un alma requiere mucho tiempo, y es verdad. Te sorprende también que, a pesar de tantas oraciones, yo siga durante tanto tiempo sin gozar de la visión de Dios. ¡Ay de mí! La perfección de un alma del purgatorio no avanza tan rápidamente como en la tierra; hay algunas almas, y son muy pocas, que tienen solo algunos pecados veniales que expiar, y ellas no se quedan mucho tiempo en el purgatorio. Algunas plegarias bien hechas, algunos sacrificios, las liberan en poco tiempo.

¡Pero cuando se trata de almas como yo —y es el caso de casi todas-, que han pasado una vida que no ha servido casi de nada, ocupándose poco o prácticamente nada en su salvación, necesitan, en este caso, recomenzar su misma vida en el lugar de la expiación, necesitan de nuevo recomenzar a perfeccionar su alma, amar, desear a Aquel a quien no se amó bastante en la tierra! Es por este motivo por el que la liberación de las almas a veces se hace esperar tan largo tiempo. ¡Dios me ha hecho a mí una gracia inmensa al permitirme solicitar oraciones, cosa que no merecía! Sin este permiso divino, me habría quedado aquí, como la mayoría, años y años.

Las religiosas de una misma familia, ¿tienen ahí relaciones entre ellas?

En el purgatorio, como en el Cielo, las religiosas de la misma familia no están siempre juntas; no todas las almas merecen la misma penitencia ni la misma recompensa. Sin embargo, se reconocen en el purgatorio. Y pueden también, cuando Dios lo permite, tener relaciones recíprocas.

¿Se puede recibir una oración, o un pensamiento, de un amigo difunto y darle a conocer el recuerdo que se guarda de él?

Se pueden hacer llegar aquí recuerdos de la tierra, pero no es nada útil porque, como te he dicho ya, las almas del purgatorio saben y conocen a las personas que se interesan por ellas en la tierra. A veces, Dios permite que se pueda recibir una oración, una advertencia, un consejo… Así, lo que te he dicho muchas veces respecto de san Miguel provino de él; lo que te he dicho para tu padre, provino de parte de Dios. Todos los encargos que me has dado tantas veces para el otro mundo siempre los he cumplido; pero todas estas cosas se subordinan a la voluntad divina.

Las culpas de cada uno, ¿son conocidas por todos en el purgatorio, como ocurrirá en el juicio final?

En el purgatorio generalmente no conocemos las culpas de los demás, excepto cuando Dios lo permite con respecto a ciertas almas para cumplir sus designios; pero son muy pocas veces las que Él actúa de ese modo.

¿Tenéis un conocimiento más perfecto que el nuestro sobre Dios?

¡Ay, qué pregunta! ¡Claro que sí, nosotros lo conocemos mucho mejor que vosotros y lo amamos mucho más! Este es justamente nuestro mayor tormento. Sobre la tierra se ignora lo que es Dios. Te puedes hacer una idea con una visión tan estrecha; pero nosotros, una vez dejada nuestra envoltura de barro, cuando ya nada obstaculiza la libertad de nuestra alma, ¡ay!, solo entonces hemos conocido al buen Dios, sus bondades, su misericordia, su amor. Después de esta visión tan clara, viene esta necesidad tan grande de unión con Él. El alma tiende siempre hacia Dios, esta es su vida, y siempre es repelida porque no es bastante pura; he aquí nuestro sufrimiento: el más duro, el más amargo.

¡Ay! ¡Si se nos permitiera regresar a la tierra, después de haber conocido a Dios, qué vida llevaríamos! Pero, nostalgias inútiles… y sin embargo en la tierra no se piensa nada en estas cosas, se vive ciegamente; la eternidad no cuenta para nada. La tierra no es más que un lugar de paso, donde vivimos con nuestros cuerpos, que a su vez se convierten, ellos mismos, en tierra; sin embargo, el objeto al que tienden casi todos los deseos son las cosas de la tierra, y no se piensa en el Cielo. ¡Y olvidan a Jesús y a su amor!

En el purgatorio, ¿se consuelan las almas unas a otra en el amor de Dios, o bien cada una está completamente aislada en su dolor?

En el purgatorio, nuestro único consuelo, nuestra única esperanza, es solo Dios. En la tierra, el buen Dios permite que a veces en los mismos sufrimientos del cuerpo y del espíritu podamos ser consolados por un corazón amigo; pero si en este corazón falta el amor de Jesús, los consuelos son ineficaces. Aquí es diferente: las almas están perdidas, abismadas en la voluntad divina, y solo

Dios puede aliviar su dolor. Todas las almas son atormentadas, cada una según su culpa, pero todas padecen un dolor común que supera todos los demás: la ausencia de Jesús, que es nuestro elemento, nuestra vida, nuestro todo. ¡Y estamos separadas de Él por nuestra culpa!

***

Después de hacer algo, no es necesario perder el tiempo en volver a considerar si actuaste bien o no. Es verdad que hace falta que cada día te examines de tus acciones para hacerlas mejor, pero no debe ser en detrimento de la tranquilidad del alma. Dios ama las almas sencillas. Es necesario, pues, que vayas hacia Él con una muy buena voluntad, siempre dispuesta a sacrificarte y a agradarlo.

Debes actuar con Jesús como un niño pequeño con su mamá, confiándote en su bondad, poniendo todos tus intereses espirituales y corporales en sus manos divinas; luego, debes buscar contentarlo en todo, sin ocuparte de otra cosa.

El buen Dios no mira tanto las grandes acciones o los actos heroicos, sino una acción sencilla, un pequeño sacrificio, a condición de que se haga por amor. A veces también un pequeño sacrificio, conocido solo por Dios y esa persona, tendrá más mérito que si se trata de una gran acción alabada por muchos. Hace falta tener una profunda vida interior para no creerse las alabanzas que nos hacen.

Dios busca almas vacías de sí mismas para llenarlas de su amor. Pero encuentra muy pocas. El amor propio no deja ningún sitio a Jesús. No dejes pasar ninguna ocasión para mortificarte, sobre todo interiormente. Jesús tiene gracias para concederte durante la Cuaresma; prepárate con un mayor fervor y, sobre todo, con un mayor amor. Ama sobre todas las cosas a Jesús. ¡Ay! ¡Es tan poco amado en el mundo, y se le ultraja tanto!

La Santa Virgen te ama mucho; de tu parte ámala también con todo tu corazón y procura su gloria todo lo posible.

No comprenderéis nunca suficientemente la bondad de Dios. Si se dedicara algo de tiempo a reflexionar alguna vez en ello sería suficiente para llegar a ser santo, pero el mundo no conoce bien la misericordiosa bondad del Corazón de Jesús. Cada uno la mide según su propio punto de vista, y es un modo defectuoso. Como consecuencia de ello, se ora mal. Sí, pocos saben orar como Jesús querría. Les falta confianza y, por tanto, Jesús no atiende sino proporcionadamente al ardor de nuestros deseos y en la medida de nuestro amor. He aquí por qué a menudo no se conceden las gracias que se solicitan.

Para ser felices en la religión, es necesario ser sordos, ciegos y mudos; es decir, que aunque se hayan oído bastante bien algunas cosas y uno las podría decir aquí o allí, es mejor muchas veces callárselas y guardárselas. No te arrepentirás nunca de haber callado. Estás también obligada a ver y a entender como si no hubieras visto ni entendido nada. ¡Ay! ¡Si supieras qué poca importancia tienen todas esas pequeñeces a las que se hace tanto caso! El demonio se sirve de esas nimiedades para detener a un alma y obstaculizar todo el bien que está llamada a hacer. No te dejes engatusar. Ten un corazón grande y pasa por encima de estas pequeñas miserias sin hacerles caso. Jesús debe atraerte más, que nada fuera de Él te detenga. Considera que todo procede de su bondad, tanto lo que te aflige como lo que te consuela; es su amor el que realiza todo para el bien de sus amigos.

No te desanimes nunca por nada de lo que te ocurra. Si Jesús quisiera podría hacerte llegar a la cumbre de la perfección, donde Él quiere que llegues, en unas pocas horas, en un abrir y cerrar de ojos; pero no. Él prefiere ver tus esfuerzos y desea que conozcas y veas por ti misma cuán áspero y empinado es el camino de la perfección. Sé muy generosa. Jesús te ha concedido y te concederá más gracias que a muchos otros; pero, en cambio, espera encontrar en ti un alma de sacrificio, toda entregada a Él. Él pide de ti, sobre todo, mucho amor; y cuando hayas luchado contra ti

EL MANUSCRITO DEL PURGATORIO

misma, contra tus malas inclinaciones, cuando hayas actuado con gran espíritu de fe, entonces la fe cederá el lugar a la realidad; pero antes tienes que actuar como si Jesús estuviera siempre presente y que esto sea para ti algo casi natural, incluso siendo algo sobrenatural.

Los predicadores y los directores espirituales no hacen bien a las almas sino en proporción a su unión con Jesús; es decir, en proporción a su espíritu de oración y en proporción a la vigilancia que pongan en conservar la paz en su interior, teniendo siempre los ojos del alma fijos en Jesús, listos para hacer cualquier cosa y sacrificar todo por la salvación de las personas que le han sido confiadas.

¿Son verdaderas las promesas hechas para los que rezan la coronilla de san Miguel?[11]

Las promesas son reales, pero no creas que quienes la rezan mecánicamente y sin esforzarse por su perfección son liberadas inmediatamente del purgatorio. Esto es falso. San Miguel hace incluso más de lo que nos promete, pero no saca tan pronto del lugar de expiación a los que deben expiar la pena de un largo purgatorio. Ciertamente que en recuerdo de su devoción al santo Arcángel, sus penas son abreviadas, pero no es suficiente para que se liberen por completo. Yo, que la recité, puedo servir de ejemplo. La liberación inmediata tiene lugar solo para las personas que han trabajado con ánimo en su perfección y que tienen poco que expiar en el purgatorio.

***

Francia es muy culpable, pero desgraciadamente no está sola. En este momento no hay un solo país cristiano que, abierta o veladamente, no busque sacar a Dios de su seno. Son todas las sociedades ocultas y el diablo, su jefe, las que lo revuelven todo y fomentan sus complots. Estas es la hora del príncipe de las tinieblas, pero hace todo en vano, como lo que es. El buen Dios les hará

78

ver que Él es Dios y no ellos. A todas las naciones les hará sentir su poder, seguro que no con dulzura; pero en los mismos castigos que inflige, Jesús es misericordioso.

Porque Dios nos los permite, conocemos aquí en el purgatorio lo que pasa ahora en la tierra, para que recemos por estas grandes necesidades; pero nuestras oraciones no son suficientes. Si Jesús encontrara almas generosas, de buena voluntad, que quisieran reparar como conviene su divina bondad ultrajada y mover a piedad su Majestad, ellas agradarían y confortarían su Corazón ofendido por tantas amarguras y podrían conmover su misericordia, que solo perdonará a quien se humilla. Dile esto a la madre superiora.

San Miguel intervendrá en la lucha que tendrá que sostener la iglesia. Él es el jefe de la iglesia tan perseguida, pero no es tan fácil de destruir, como piensan los malvados. Él es también el protector especial de Francia, y es quien la ayudará a retomar el sitio de hija primogénita de la iglesia, pues a pesar de todas las ofensas que se cometen en Francia, hay todavía mucho de bueno, hay almas de gran devoción. ¿Cuándo intervendrá san Miguel? ¡No lo sé! Es necesario rezar mucho por esta intención, invocar al arcángel recordándole sus títulos y suplicándole que interceda ante Jesús, sobre cuyo Corazón tiene gran poder. Que la Santísima Virgen no sea olvidada: Francia es un país privilegiado; Ella lo salvará. Es muy bueno que se pida rezar rosarios y coronillas por todas partes; esta oración es la más eficaz ante las necesidades actuales.

El voto heroico es algo muy agradable a Dios, de gran ayuda a las almas del purgatorio y muy provechoso a las almas generosas que lo quieren hacer bien. Por lo demás, cediendo así una parte de sus méritos, en lugar de perderlos, ganan más[12].

En cuanto a las indulgencias plenarias, te puedo decir que pocas, muy pocas, son las personas que las ganan íntegramente. Hace falta una disposición de corazón y de voluntad muy grande, que es algo raro, más raro de lo que se piensa; hace falta tener todas las disposiciones requeridas para conseguir así la remisión total de los pecados[13].

En el purgatorio no recibimos las indulgencias que se nos aplican a manera de sufragio, sino en cuando el buen Dios lo permite, según nuestras disposiciones. Es verdad que ya no tenemos apego al pecado, pero todavía no estamos bajo el reino de la misericordia, sino bajo el de la justicia divina; pues solo recibimos lo que Dios quiere que nos sea aplicado. Cuando el alma está cercana al cumplimiento de todos sus deseos, es decir, cerca del Cielo, puede ser liberada y ser admitida a las alegrías eternas por la eficacia de una indulgencia plenaria bien adquirida, o incluso adquirida a medias según su intención; pero en cuanto a las otras almas no es así. Ellas, durante su vida, despreciaron a menudo las indulgencias o, al menos, no les dieron importancia y Dios, siempre justo, les devuelve todo según sus mismas obras. Ellas pueden ganar algo según la voluntad divina, pero raramente la indulgencia en su integridad.

Mayo. Trabaja sin descanso y con todas las fuerzas por tu perfección. Tú tienes, cuando quieres, bastante firmeza de carácter para superar todas las dificultades que obstaculizan tu unión con Jesús, hasta llegar a donde has llegado o a donde Él quiere que llegues. Tu vida será un continuo martirio, porque el renunciarse a cada instante lo es; pero en tal martirio se prueba, al menos, las más dulces alegrías. El alma sufre, pero Aquel por quien ella sufre le concede en cada sacrificio, en cada renuncia, una gracia que la anima a ir siempre hacia delante, a darlo todo por Él. Nada es tan agradable a Jesús que ver a un alma que, a pesar de todos los obstáculos que encuentra en su camino, se esfuerza en abnegarse siempre cada vez más por su gloria y por su amor.

Te afliges al ver que Dios es insultado en París, pero los que actúan así no saben lo que hacen, y, no obstante sus blasfemias, Jesús es más ofendido por los pecados que cometen las almas de los consagrados o los que deberían serlo, que por las sangrientas injurias de aquellos que no son sus amigos.

¡Cuántas almas hay a las que Jesús llama a una alta perfección y que se quedan en un estado miserable, porque no han correspondido a las gracias divinas! ¡Hay que hacerse violencia, levantarse y pedirle mucho cada día para ser felices en el servicio de Dios!

¡Qué poca vida espiritual hay en el mundo…! ¡Incluso en las comunidades religiosas…! Buscan demasiado su comodidad, no son capaces de esforzarse y sacrificarse por algo. Si lo hicieran, el buen Dios estaría muy contento –si pudiera hablarse así– de que lo amaran, pero no por obligación, sino de corazón. ¡Si pudieras conseguir tal actitud en la comunidad, cuantas gracias derramaría sobre ella! En cuanto a ti, trabaja todo lo que puedas para vencerte y para amar a Jesús como lo espera de ti desde hace tanto tiempo.

Jesús quiere que lo ames con un amor de niño, es decir, con la ternura de un niño que busca agradar a sus queridos padres, pero ocurre al revés: eres muy fría con Jesús. ¡Y no es esto lo que Él espera de ti, Él te ama inmensamente!

Agosto. Cuántos actos inútiles, cuántos días completamente nulos, sin amor para Jesús, sin pureza de intención; y todo está perdido, porque no tiene valor para el Cielo.

Salmo 63. He aquí el salmo aplicable al tiempo presente. Es lo que se lee en el salmo 63. Este salmo se aplica perfectamente al tiempo presente.

No llegas a la pureza de intención como Dios lo espera. Si, en lugar de ofrecer vagamente tus acciones, pidieras hacerlo con más fruto, determinando mejor tus intenciones… Por ejemplo, al comer di: "Jesús, nutre mi alma con tu santa gracia, como ahora yo nutro mi cuerpo". Cuando das clase: "Jesús, instruye mi alma, como yo instruyo a mis alumnas". Al lavarte la cara, las manos: "Jesús, purifica mi alma como yo lavo mi cuerpo". Y de manera parecida por cada una de tus buenas acciones. Acostúmbrate a hablarle a Jesús de corazón, siempre; que Él sea el motivo de todo aquello que haces o dices… ¿Me entiendes?

No debes justificarte nunca. ¿Qué puede pasarte si te llaman culpable cuando no lo eres? Y si reconoces haber fallado, humíllate y calla. No te justifiques, ni siquiera mentalmente.

2 de septiembre, retiro. Esta mañana le has dicho al sacerdote que estás enfadada de escucharme, que preferirías mucho más ser como las demás. En el transcurso del año le has escrito lo mismo. Con frecuencia se lo has dicho a la madre superiora. ¿Por qué te molesta tanto? ¿No es el buen Dios quien permite todo esto? Tú no tienes nada que ver en ello.

Aprovecha y no te quejes de estas gracias. No has oído todavía todo lo que tienes que oír, ni visto todo lo que tienes que ver. Díselo al sacerdote. También dile que yo no soy el diablo. Él ni siquiera lo piensa. Eres tú quien tiene siempre esos temores. Cálmate y aprovecha mucho el retiro. Es necesario que a partir de este momento cambies tu estilo de vida. No más fantasías ni dar vueltas sobre ti misma, eso es amor propio y nada más.

Abre tu corazón a la gracia, únete fuertemente a Jesús y deja de perder el tiempo tan precioso en averiguar ¿por qué esto, por qué aquello? Dios te destina grandes gracias, como también a quien, en su bondad, te manda para decirte lo que Él quiere de ti. Adora sus designios sin buscar escudriñarlos. El sacerdote dirá muchas cosas para ti en sus predicaciones, sin pensar en ello. Jesús lo permitirá así; aprovecha con mucha gratitud este santo retiro, decisivo para ti.

¡Solo las acciones hechas con gran amor, bajo la mirada de Dios para cumplir su santa voluntad, tendrán recompensa inmediata en el Cielo, sin pasar por el purgatorio! ¡Cuánta ceguera con respecto a esto en el mundo!

Septiembre. El retiro ha terminado para toda la comunidad, pero para ti es necesario que no termine. Continúalo todo el año, y siempre en tu corazón; incluso en medio de tus más grandes ocupaciones, ten siempre un rinconcito donde te recojas de corazón a corazón con Jesús, y allí no lo pierdas nunca de vista. El año pasado estuviste muy distraída; ahora no vayas a estar así. Le has prometido a Dios, y al sacerdote, que empezarás una vida nueva; debes mantener, a toda costa, tu palabra. Te costará pero, ¿quizá más adelante te costará menos? ¡No! ¡Ay! ¡Pasa todo tan rápido y nosotros pasamos sin tomar conciencia de ello!

Ya desde hace mucho tiempo Jesús te busca. Después de todas las gracias que Él te ha concedido, ya no le negarás el total abandono de ti misma en sus adorables manos.

Si de buena gana lo quisieras dejar actuar, llegarías rápidamente a ser santa… y una gran santa, como Él quiere. En estos días, ¿no te ha dicho el sacerdote que no te has comprometido? Cuántas personas te lo han dicho ya, y te has quedado indiferente, algo que debería ser sagrado para ti. Me parece que esta vez has hecho mayor caso y te has quedado conmovida por las palabras que han vuelto a decirte. Reflexiona en eso a menudo, es algo serio. Jesús, te lo he dicho, solo espera de ti un pequeño esfuerzo, y Él hará lo demás.

Sé muy generosa. ¡Qué no conseguirías de Dios, si fueras como Él te quiere ver! ¡Qué unión tan íntima quiere realizar con tu alma! ¡Qué alegrías quiere concederte! ¡Si lo supieras! ¡Ay! ¡Qué bueno es Jesús contigo! Revive a menudo en tu corazón la gracia de elección que te ha hecho.

La madre superiora te ha dicho que ha sido sobre todo por ti por lo que ha pedido que venga ese sacerdote de nuevo este año. Tú no lo has creído, pero es verdad; ella ha seguido esa inspiración de Dios, que ha querido que conozcas mejor al sacerdote, y que él te conozca también más. Aprovecha esta nueva gracia que no será la última; pon en práctica todo lo que te ha dicho. Actúa libremente con él; ábrele siempre tu alma, que pueda leer en ella como en un libro abierto. ¡Si él te conociera como yo te conozco! No se entiende a la primera; para eso, es necesario que se tome su tiempo. Todos los pensamientos que has tenido ayer, con respecto a eso, son pensamientos diabólicos. El demonio quisiera impedir el bien; pero se realizará igualmente, ya que no le darás más oídos. Custodia cuidadosamente las grandes gracias del retiro; que nunca te dejen. No tengas miedo de sacrificarte de la mañana a la noche para hacer la voluntad de Dios. Él te recompensará abundantemente.

¿Por qué he sentido una conmoción tan fuerte al escuchar las primeras palabras del reverendo padre…?

Eso es un principio de la gracia que debiste haber tenido durante este retiro. Hay entre las almas cierta atracción, de la que uno se da cuenta bien en la tierra. Dios ha hecho el alma del sacerdote y la tuya, la una para la otra; a eso se debió la impresión involuntaria que tú has sentido al escucharle y que sentirás todavía en el futuro. Reza mucho por él, que Jesús te lo da para ayudarte a levantar tu alma hasta Él.

Él necesita gracias más fuertes, más grandes, que muchos otros, para no desanimarse nunca. Con frecuencia, tiene días muy afanosos, de mucha fatiga. Su vida es ruda y penosa. Necesita que lo ayudes con tu oración. Hasta ahora lo has hecho, pero todavía no es suficiente. Es necesario ofrecer, según su intención, tu trabajo, algunos de tus sufrimientos exteriores, alguno de tus sacrificios; en una palabra, únelos a los sacrificios que hace el sacerdote.

Jesús tiene grandes designios tanto para el sacerdote como para ti; he aquí por lo que Él ha permitido que te dirigieras con él y que te sintieras libre para abrirle tu alma. Considéralo como tu padre, quiérelo, sé sumisa como una verdadera hija, y Dios estará contento. No te tomes a mal si te digo todas estas cosas; en realidad, todo esto lo has hecho hasta ahora poco a poco. Pero tuve que decírtelo y tú se lo dirás también al reverendo padre. ¿Entiendes?

El retiro ha sido muy grato a Dios y muy provechoso para las almas. Jesús ve complacido las almas de las religiosas que se convierten a Él, que lo buscan como a su único fin. Por esto es por lo que las llamó a su servicio. Pero ¡qué fácil es en la tierra olvidar, incluso lo más sagrado! Un buen retiro ayuda a las almas a retomar su primer vigor, eso es lo que ha hecho el retiro que has tenido. Esto ha consolado el Corazón tan bueno de Jesús.

¿Que son pocos los instantes que tenemos que transcurrir en la tierra, comparados con los gozos sin fin de la eternidad? A la hora de la muerte, no te parecerá que has hecho demasiado. Sé muy generosa, no te escuches a ti misma. Ve siempre como meta a aquel Jesús que te llama: a la santidad, solo al amor… y, por tanto, ¡ve siempre adelante sin mirar atrás!

Las grandes cruces, las que torturan el corazón, son la herencia de los amigos del buen Dios. Hace unos días te has quejado a Jesús de que te ha enviado muchos sufrimientos durante este año. Es verdad, pero ¿por qué te parecen esas cruces tan pesadas? Porque no amas lo bastante. ¡Ay!, aún no se han acabado tus cruces. Lo que te ha pasado hasta ahora no es sino el preludio de lo que te espera. ¿No te he dicho que quizá tendrás que sufrir siempre en el cuerpo o en el espíritu, y muchas veces en ambos? ¡No existe la santidad sin sufrimientos! Pero cuando dejes actuar libremente a la gracia dentro de ti, cuando Jesús posea tu voluntad y lo hagas dueño absoluto, las cruces, por muy pesadas que sean, ya no te pesarán. El amor lo absorberá todo. De ahora en adelante sufrirás, y sufrirás mucho, pues el alma no consigue desasirse de todas las cosas, para actuar solo por amor a Jesús, en un instante. Jesús ve con complacencia tus esfuerzos. ¡Oh! ¡Si se le conociera mejor en la tierra! Pero, por el contrario, se le olvida. Tú, al menos, ámalo. ¡Desagrávialo! Que tus esfuerzos vayan creciendo siempre con el fin de complacerlo. ¡Trabaja sin cesar para que llegues pronto a ser como Él quiere verte!

16 de septiembre. En estos días estás un poco más satisfecha de ti misma y Jesús también lo está, porque te esfuerzas en agradarle y en unirte más a Él. Pero no creas que has llegado a la meta; esto no es sino el comienzo de la unión que Él quiere tener con tu alma. ¡Ay! ¡Qué poco se entiende en la tierra el desasimiento que Jesús le exige a un alma a la que quiere toda para Él! ¿No es verdad? Se cree amar, se imagina ser rápidamente santa por el hecho de experimentar un poco más de lo ordinario el amor sensible, pero todas estas sensaciones naturales son nada.

¡Es necesario que el alma se eleve, que se desapegue poco a poco de todo lo que le rodea, y sobre todo de sí misma, de su amor propio, de sus pasiones, para llegar a la unión divina, y solo Jesús sabe todo lo que le cuesta a la naturaleza llegar allí! Se necesita hacer más de un sacrificio, se necesita que el corazón se rompa para sacar todo amor humano; esto es difícil! ¡Qué pocas almas comprenden tales cosas!

Tú que las comprendes un poco por una gran misericordia de Jesús, tú a quien Él ama tanto, encamínate animosamente por esta senda de abnegación y de muerte a ti misma. Considera con frecuencia toda la ternura que Él ha tenido contigo, cómo ha ido a buscarte desde lejos, cómo ha vencido todas las dificultades encontradas en tu camino. Él ha hecho más por ti que ninguna otra. Cada día te colma de sus gracias de elección. Además, considera cómo ha actuado por ti en estos últimos días; igualmente, Él espera de ti una gran generosidad, más que de muchas otras, a quienes no les ha concedido tantos favores y no les pide una gran perfección. En cambio, de ti espera una entrega a toda prueba, y sobre todo mucho amor. Es necesario que tu alma y tu corazón se pierdan en Él; que no actúes sino para agradarle. Es necesario que te eleves por encima de la tierra y de todo lo que te rodea para abismarte en su santa voluntad. Tienes que llegar a no perderlo nunca de vista, ni siquiera un minuto.

¡No creas que esto te absorberá hasta el punto de no poder cumplir tus obligaciones! No, (más bien) irás viendo que ocurre todo lo contario y que el alma, mientras se encuentra unida a Jesús, cumple con más exactitud todos sus deberes; pues en realidad, cuando Él ama a un alma, actúa a través de ella; Él es ya, por decirlo así, uno con ella.

¡Considera si no está el alma bien dirigida y ayudada en lo que debe hacer! Cuánto bien puede hacer a su alrededor un alma con vida interior; no hay nada mejor; cualquier otra cosa que se haga es inútil. Solo el alma unida a Jesús es la que tiene derechos sobre su Corazón, ella es la dueña y Él no le niega nada. Tengo muchas cosas que decirte a este respecto, pero tú no me comprenderías. Debemos esperar al momento querido por Dios. Si tú quisieras, no tardaría en llegar. Jesús tiene grandes deseos de unirse totalmente a ti, más de lo que ahora puedes comprender. Sé muy vigilante sobre ti misma; amar a Jesús es lo mejor, es tan consolador pasar inmediatamente, sin transición, de la unión íntima de la tierra a la unión todavía más íntima del Cielo. Considera todo lo que te digo. Una sola de tus acciones ofrecida por mi alivio, con pureza de intención, cuando estás muy unida a Jesús, me consuela más que muchas plegarias vocales. Cuanto antes vayas perfeccionándote, antes ocurrirá mi liberación.

Es verdad que la madre superiora está muy atormentada en estos últimos días, pero un día de grandes sufrimientos, parecidos a los que ella pasa, a veces es de más provecho para su alma y para toda la comunidad que diez días o más de buena salud, en los que puede actuar y hacer todo lo que depende de los deberes de su cargo.

***

29 de septiembre. Sí, conozco todas las penas del sacerdote; por eso, cuando me preguntaste si se había recuperado de sus fatigas, contesté que no, sin añadir ningún otro detalle, porque no quería que te preocuparas. Te habrías quedado inquieta, sabiendo que sufría, y como piensas en él delante de Dios, más de lo habitual, sin duda por una inspiración particular, pensé que sería mejor que él mismo te contara todos los suplicios con los que es probado.

Jesús se los tomará en cuenta; las almas que tanto echa de menos se encuentran ahora en el purgatorio, pero por poco tiempo, sobre todo el sacerdote al que Dios quiso recompensar, y los dos jóvenes a los que quiso preservar sacándolos de este mundo, donde aún los mejores pueden llegar a ser malos. Dile que se consuele con el pensamiento de que Jesús le ama mucho y le guarda, con preferencia a otros muchos, un sitio muy especial en su Corazón.

Que vaya allí en espíritu a descansar y a fortalecer su alma para continuar lo que ha emprendido por su divino Señor.

2 de octubre. Di muchas veces al día: "¡Oh, Dios mío!, realiza en mí tus designios y concédeme no poner ningún obstáculo con mi conducta: Jesús, yo quiero lo que tú quieres, porque tú lo quieres, como tú lo quieres y en la medida que tú lo quieres".

3 de octubre, domingo. ¡Ay, si te fuera dado comprender con qué indiferencia y desprecio se trata a Jesús en la tierra, cómo se le insulta, se le escarnece y se le pone en ridículo, no solo la gente ordinaria sino también aquellos que deberían amarlo! Hay también mucha indiferencia en las comunidades religiosas, su pueblo elegido, donde deberían tratarle como amigo, como padre, como esposo, pero allí le consideran más como un extraño. También Él encuentra esta indiferencia entre los sacerdotes. Ahora, más que nunca, los sacerdotes tratan a Jesús con indiferencia. ¡Ellos, que deberían temblar pensando en la augusta misión que les ha sido confiada, y que la mayoría de las veces la viven con frialdad, con aburrimiento!

¿Cuántos hay con vida interior? Su número es muy pequeño. Aquí, en el purgatorio los sacerdotes que expían su indiferencia y su vida sin amor son numerosos. Deben expiar sus culpables negligencias con el fuego y con torturas de todo tipo. ¿Qué opinas de todo esto? Dios, tan bueno, tan amable con sus criaturas, espera que le amen y que le desagravien. ¡Qué pocos son los que viven así! Este es el gran sufrimiento del sagrado Corazón de

Jesús: la ingratitud de los suyos; sin embargo, su sagrado Corazón está lleno y rebosante de amor, y no busca sino darlo. Jesús querría encontrar almas muertas a sí mismas; derramaría en ellas su amor a chorros, como si no lo hubiera hecho por nadie hasta ahora. ¡Oh, qué poco se comprende a Jesús en la tierra, que poco se comprende su misericordia y su amor! ¡Se busca conocer y profundizar en todo excepto en aquello que proporciona la verdadera felicidad! ¡Qué tristeza!

No tienes que disgustarte nunca, ni exterior ni interiormente. Haz lo posible para evitar los enfados. Si, a pesar de todo, ocurre que por mala educación o por malicia no se hace lo que se debe, ni cómo se debe, quédate tranquila; una vez cometida una falta, ya no hay remedio, ¿para qué enfadarse? Serían dos faltas en lugar de una.

14 de octubre, durante mi acción de gracias. La más pequeña infidelidad de tu parte, el más pequeño olvido, la mínima indiferencia hacia Jesús, Él la siente mucho. Y lastima su Corazón, tan bueno, tan amante, más que una injuria de parte de un enemigo. Vigila pues con gran diligencia sobre ti misma; no permitas que se te pase nada. Que Jesús pueda venir a descansar en tu corazón para que le compenses todas las amarguras que le proporcionan en el mundo. Actúa con Él como con el mejor de los padres, con más cariño que el que existe entre los novios. Consuélalo para reparar con tu amor, con tus ternuras, las injurias que recibe cada día. Debes hacer tuyos los intereses de su gloria con todo el corazón. Olvídate de ti misma delante de Él y has de estar segura que actuando así tus mismos intereses se volverán suyos y Él hará más por ti que lo que pudieras hacer por ti misma.

16 de octubre. Una persona que tiene a su alrededor almas que le han sido confiadas, busca infundir en ellas algo más de piedad, pero no lo logrará sino proporcionalmente a su vida espiritual; si la tiene, podrá infundirla en sus corazones. Pero si no es lo que debiera ser, si no está unida a Jesús, sus palabras llegarán a los oídos, pero no al corazón, sus esfuerzos no serán bendecidos. Piensa si no es buena idea estar unido a Jesús… ¿no te crees que es verdad? En esto está, solamente, la verdadera felicidad en la tierra.

Noviembre. Cuando tengas que reprender a una persona que ha faltado ligeramente, o incluso gravemente, hazlo con mucha dulzura, pero con firmeza a la vez, cuando la falta lo exige, pero con pocas palabras y nunca por pasión. Pues la corrección hecha así daña al alma de quien la hace y de quien la recibe. Evita, sobre todo, reprender a una jovencita, por ejemplo, de sus faltas pasadas; no se las eches en cara. Este es un defecto muy común que el buen Dios deplora. Los que así actúan cometen una falta. ¿Quién les ha dicho que lo que ellos reprochan no ha sido ya perdonado? ¿Por qué insistir en ello? Dios no actúa así con nosotros. En la amargura de nuestro propio corazón debemos humillarnos sin cesar por nuestras propias culpas y repasarlas continuamente ante nuestro Señor, pero nunca hace falta volver sobre el pasado de nadie. Un alma cristiana y, con mayor razón, un alma de una religiosa, si desea agradar a nuestro Señor, actuará hacia su prójimo como desea que Jesús actúa hacia ella. Tenlo muy presente y ponlo en práctica fielmente cuando llegue la ocasión.

No te dejes absorber por los deberes ni por las cosas, ni por la rapidez de la vida, de modo que tu alma pierda esa libertad que le impediría unirse en cada instante a Jesús y poder conocer y siempre cumplir su santa voluntad. Si sufres, acéptalo con resignación, puesto que es permitido por Jesús, quien, del mal que permite, sabe sacar un bien mucho mayor. Ve con toda sencillez al pie del sagrario y allí confía a Jesús lo que pasa en tu corazón, lo que a veces te parece muy pesado: su Corazón lo aliviará todo. Si, por el contario, experimentas gozos de aquellos que, sobre todo, se gustan en raras ocasiones cuando se sirve a Dios, recíbelos con humildad y agradecimiento. Y piensa que la tierra no es la morada del descanso, sino el lugar del exilio, del trabajo y de sufrimientos de todo tipo.

Deja pasar todo tranquilamente a tu alrededor. Que nada te turbe ni te detenga; solo debes encontrar tu paz y tu descanso en Jesús. Que solo actúes por Él, que te anime su amor, ¡nunca podrás hacer bastante por un Dios tan amable! Mientras más te desapegues de todo lo que te rodea, más te colmará Jesús de gracias de elección y de sus caricias divinas. Probarás a menudo una gran indiferencia por las cosas que, en otras ocasiones, te habrían consolado; esta es también una misericordia de Aquel que te ama y que desea verte con ese desapego que espera de las almas que quiere exclusivamente para sí. Jesús permite que estas almas privilegiadas prueben un cierto disgusto por todo aquello que no es Él. Él les hace encontrar desagradable lo que no concierne directamente a Él, porque de ese modo quiere llevarlas a vaciar su corazón de todo lo humano a fin de que Él lo colme de sus gracias y haga desbordar allí su amor.

***

Noviembre. Los días de Comunión, en los que se celebra una primera Misa, ¿no podrías desayunar un poco antes de las ocho? No te llevará más de tres minutos. Te lo digo porque Dios querría que prolongaras tu acción de gracias lo más posible. Si lo haces así, tendrás un cuarto de hora más. Así, el primer cuarto de hora será para ti como de ordinario. Tienes muchas cosas que decirle a Jesús, ¿no es verdad? Y el segundo cuarto de hora será para Él. La podrías continuar incluso eh las horas menores. Pídele permiso a la madre superiora, ¡verás cuántas gracias!

Por un especial favor de Jesús, las Sagradas Especies quedan largo tiempo en ti después de la santa Comunión; aprovecha, pues, con gratitud esos instantes dichosos en los que estás de corazón a corazón con aquel que los cielos no pueden contener. ¡Cuánto amor de Dios por su pobre criatura abajarse hasta entretenerse con ella como un amigo con su amigo! Es entonces cuando se debe adorar, agradecer, pedir y, sobre todo, reparar todas las injurias que recibe Jesús en el mundo en estos tiempos tan calamitosos. Está muy ofendido. ¡Oh, ámalo mucho! Tú sabes que te ama, ¡tienes las pruebas!

Estando en la tierra, todavía no puedes comprender lo que Dios exige de un alma que expía sus culpas en el purgatorio. ¿Crees que muchas oraciones, aunque estén bien hechas, podrán dar inmediatamente a un alma posesión de la felicidad eterna? No es así. ¿Quién puede escudriñar los juicios de Dios? ¿Quién puede comprender la pureza que Él exige de un alma antes de admitirla a la participación de su felicidad eterna? ¡Ay, si se supiera! Si se pensara en todo esto mientras se está en la tierra, ¡qué comportamiento se llevaría! Examina en serio cuántos pecados veniales comete al día una persona negligente, poco interesada por su salvación, toda entregada a las cosas de la tierra… ¿cuántos minutos le dedica a Dios? Piénsalo con atención. Ahora bien, piensa en 365 días parecidos a lo largo del año… y así muchos; esta persona muere con el alma grabada por una multitud de pecados veniales que no han sido perdonados porque ella no le ha dado ninguna importancia. Es entonces, si queda en esa alma agobiada una chispa de amor, cuando se da cuenta de su vida ante Aquel que se la está solicitando. He aquí estas vidas que son casi nada y que necesitan comenzar de nuevo en el lugar de expiación; vidas sin amor a Dios, sin pureza de intención. El alma que debe vivir de Dios y que no lo ha hecho: es necesario que recomience su vida, y esto entre sufrimientos inauditos. En la tierra, no se ha aprovechado de la misericordia divina. Era esclava de su cuerpo; pero una vez que llegue al lugar de la expiación, debe satisfacer hasta el último céntimo y recobrar su primer esplendor. Estos es lo que les sucede a las almas indiferentes ante su salvación; pero en cuanto a las almas todavía más culpables, es otra cosa. Ama mucho a Dios para que no estés obligada a venir para adquirir su amor a través del sufrimiento sin méritos. Los sufrimientos y las penas de la tierra son meritorias, no las pierdas; sobre todo, ¡ama! El amor borra muchos pecados y también los hace evitar porque no se quiere ofender a Aquel que se ama; cuando el alma ama verdaderamente a Jesús está continuamente en guardia y evita todo lo que podría ofender a su divina mirada.

Muchas almas del purgatorio esperan que tú las saques de este lugar de sufrimientos. Ora con todo tu corazón por ellas.

[Año 1881]

Los sufrimientos físicos y morales son la herencia de los amigos de Jesús mientras viven en la tierra. Cuanto más ama Jesús a un alma, mayor participación le da de los dolores que Él sufrió por nuestro amor. ¡Dichosa esa alma privilegiada! ¡Cuántos méritos puede adquirir! Es el camino más corto para llegar al Cielo… por tanto no tengas miedo del sufrimiento; al contrario, ámalo; porqué te acerca más a Aquel que te ama. ¿No te he dicho ya, algún día, que el amor volverá dulce lo que aún te parece amargo porque todavía no amas lo suficiente? El medio infalible para llegar rápidamente a una unión íntima con Jesús es el amor, pero el amor unido al sufrimiento. Hasta ahora, has tenido pocas cruces, por lo que todavía no las amas como Jesús desea. ¡Ay, si supieras todo lo bueno que es el sufrimiento para el alma! Los padecimientos son las más dulces caricias que el divino esposo puede hacer a aquella con la que quiere unirse íntimamente. Él les manda a esas almas privilegiadas sufrimientos sobre sufrimientos, penas sobre penas, a fin de que se desapeguen de todo lo que les rodea. Entonces, Él puede hablarles al corazón. ¿De qué tratarán esos divinos coloquios? Si tú quieres, lo sabrás. Jesús tiene en suspenso las gracias que derramará a torrentes sobre ti cuando, como Él lo desea, te vea preparada y capaz de recibirlas.

Jesús quiere que actúes únicamente por Él, que todas tus acciones sean para su gloria, que lo tomes como confidente de todas tus alegrías y penas, que no hagas nada, por pequeño que sea, sin pedirle luces y consejo, que le tengas como única recompensa por todo lo que haces. ¡A esto estás comprometida desde hace muchos años! Dile entonces: "¡Jesús, que nunca tenga reconocimiento en la tierra por el poco bien que yo pueda hacer! ¡Que solo me bastes tú!". ¿Qué piensas de esto? ¿Lo haces así? Jesús no se deja ganar en generosidad, ya lo verás. Piensa, pues, que no son tanto tus plegarias las que me llevarán a poseer la eterna morada sino tus acciones perfectas, tu unión íntima con Jesús. Créeme, Él tiene grandes designios sobre tu alma, por eso me ha enviado a ti; ¡si te pudiera decir lo que sé al respecto…! ¡Qué grande es el amor de Jesús por ti! Cuántas delicadezas y cuántas atenciones ha tenido hacia ti; tu indiferencia no lo desanima, a veces cuánta frialdad y negligencia para con un Dios tan bueno. Pídele perdón por todas estas faltas y actúa con Él como una hijita con el mejor de los padres. No tengas miedo a importunarlo. Le agrada ver la confianza de tu corazón. Busca siempre agradarle, desde que te despiertas hasta la noche, sin hacer caso nunca a los movimientos de tu naturaleza.

Abril. Si no avanzas rápidamente en la perfección es porque tu voluntad no está muy unida a la del buen Dios. ¡Te buscas mucho a ti misma! Por momentos tienes miedo de ti. Jesús soporta todas estas indecisiones de tu parte con paciencia. ¿Quién sale perdiendo? ¡Pues tú! Sin embargo, ¡si superas cuántas gracias te reserva, cuánto desea unirse a ti, le darías tu rebelde voluntad –que hoy quiere y mañana no– a Aquel que te la pide con una gran bondad y, sobre todo, con mucho amor!

Jesús no te dejará en paz hasta que no hayas alcanzado la perfección en la que quiere verte. Conviértete a lo que le agrada hasta que tu voluntad se haga una con la suya; hasta que no entres en tu interior y todas tus acciones no sean hechas bajo su divina mirada para complacerle, no tendrás paz ni tranquilidad interior.

[Año 1882]

Septiembre. Jesús ha hecho mucho por ti, y todavía hará más en el futuro, pero es necesario que tú correspondas a sus gracias y que seas muy generosa. Las almas que llegan a la perfección que Jesús le pide son dueñas de su Corazón. Él no les niega nada. Cuando hayas llegado allí, Jesús y tú seréis una sola cosa. Tendréis los mismos sentimientos, los mismos pensamientos, los mismos deseos. Sé, pues, buena; apresúrate para llegar a ser una gran santa y proporcionar así mucha gloria a tu único amigo, que espera aquel momento para volar sus gracias sobre ti.

Todavía no haces los suficientes esfuerzos para vigilar sobre tu interior y para conservar la divina presencia de Jesús. Esfuérzate y recibirás ayuda. Jesús solo espera un poco de buena voluntad, y Él hará todo lo demás. Pregúntate cada día: desde que Jesús me concede tantas gracias particulares, ¿cómo las he aprovechado? ¿A dónde tendría que haber llegado? ¿Qué sería de mí si siempre hubiera correspondido bien? Medita en estas preguntas algunas veces y te hará mucho bien. Reflexiona sobre ellas seriamente; lo que te he dicho hasta ahora es la voluntad de Dios. Él quiere también que tu trabajes con seriedad en tu perfección, pues de ella dependen muchos otros.

Jesús tiene tal amor por ti que quisiera colmarte de favores particulares, favores que no conceder ordinariamente sino a sus amigos más íntimos. Adelante con tus oraciones y sacrificios, y pronto llegará el momento feliz en el que se dará la unión divina que Jesús quiere contraer con tu alma. Reconoce ante este divino amigo la profundidad de tu indigencia, el abismo de tu miseria, y déjalo actuar. Lo propio de su amor es enriquecer a los más débiles y pobres. Entonces su bondad resplandece extraordinariamente.

¡Oh, ama mucho a Jesús! Únete a Él lo más intensamente que puedas. Adhiérete a Él con todas las fuerzas de tu corazón, de modo que no vivas ya sino para su santo amor.

Por amor a Jesús, ama a todas las personas que te rodean y a aquellos con los que te relacionas. No tengas miedo de gastarte por ellos con amabilidades y oraciones, con tu abnegación y tus deferencias. Cuando un alma ama más a Jesús, ama más a sus semejantes.

30 de octubre. Siempre te quejas porque dices que querrías ser como todo el mundo, pero ¡no creas que te librarás de mí! Estás obligada a escucharme mientras Dios lo quiera. Haz todo lo que quieras, yo tengo todavía muchas cosas que decirte y tendrás que escucharlas. ¿Está claro? ¿Serás dócil a lo que se te pide?

25 de diciembre. No te da pena que todavía no esté en el cielo. Es verdad lo que te he dicho: "no entraré allí hasta el día en que llegues a la perfección que Dios te pide". Sin embargo, no creas que llegarás en un instante a esta perfección tan alta a la que Jesús te llama. Hay muchos grados de perfección, y no es el primero el que te exige a ti. Tú sabes que Jesús te ama, aunque estés lejos del estado en el que quiere ver tu alma. Jesús sabe que se necesitaría un milagro para que llegues rápidamente al estado de perfección que desea, pero no quiere hacer este milagro. Es necesario subir poco a poco por este sendero, a veces tan áspero para nuestra naturaleza. Para alcanzar la meta a la que Jesús te llama, es necesario que estés enteramente muerta a ti misma, y que no tengas más voluntad ni amor propio. ¡Tú todavía no estás a ese nivel!, por ejemplo, cuando se te acusa injustamente, cuando se te atribuyen intenciones que no tienes (bien sabes a qué me refiero), estas cosas todavía te turban. Dios permite todo esto para proporcionarte la ocasión de renunciar y de no apegarte a nada sino solo a Él. Él quiere que llegues al punto donde nada te quite la paz interior: penas, gozos, contrariedades, que todo te sea indiferente. Entiéndelo bien. Él solo quiere atraer hacia sí todas las potencias de tu alma, colmar todos tus deseos, satisfacer plenamente tu corazón y tu ser; que Él sea para ti tu plenitud. Y, créeme, esto no es obra de un solo día.

¡No, no eres lo suficientemente buena! Es mejor, en ciertos casos, ceder que quedar por encima. Yo te he dado un medio para actuar como Jesús te lo pide. Antes de dar una advertencia, antes de hacer un reproche merecido a una alumna, o a cualquier otra persona, recógete un segundo; después, ponte en el lugar de ella y actúa con ella como quisieras que lo hicieran contigo en una ocasión parecida. Entonces, Jesús estará contento.

[Año 1883]

¡Un año más transcurrido en la eternidad! Así pasan todos, unos después de otros. Los días se suceden hasta aquel que pone término a la corta vida de la tierra y comienza la larga vida de la eternidad. Emplea bien cada instante, pues en cada uno puedes ganarte el Cielo y evitar el purgatorio. Cada una de tus acciones realizadas bajo la mirada de Jesús te dará un grado de gloria mayor en el Cielo y, al mismo tiempo, un grado de amor a Jesús también mayor. Cada uno de los actos de una vida perfecta forman una cadena de amor que une el alma cada vez más y más con Aquel que se ama. Cuando el último eslabón está formado, entonces Jesús rompe los débiles lazos que retienen al alma, llena de méritos, con el cuerpo al que ella estaba unida en la tierra. Así liberada, Él se una a ella aún más estrechamente para siempre en la bienaventurada eternidad. ¿Te imaginas qué agradable es una vida en la que cada instante ha sido para Jesús, a pesar de las amarguras pasajeras que sufrimos?

Si algunos minutos de conversación de un alma santa con Jesús pueden ponerla en éxtasis y hacerle olvidar todas las penas pasadas, ¿qué no será la unión eterna? ¡Oh, si lo supieras! ¡Si pudieras comprender cómo trabajarías sin descanso en tu perfección, tú a quien Jesús ha concedido todos los medios posibles para llegar allí! ¡Ay!, si nosotros tuviéramos al menos cinco minutos del tiempo que vosotros perdéis en dar vueltas sobre vosotros mismos y en averiguar si lo que te he dicho es verdadero o falso, ¿qué no haríamos nosotros por Aquel que deseamos con tarto ardor? Es el demonio quien te ciega algunas veces, y hace que no pongas atención en lo que te digo, él prevé bien cuáles serían las consecuencias. Desarma sus intrigas, pon todo el corazón en la obra de tu santificación, y que este año sea el comienzo de esta vida perfecta que Jesús espera de ti desde hace mucho tiempo.

Al principio de este año ponte el propósito de no proferir ninguna palabra inútil. No digas tu opinión para nada, a menos que te veas forzada; incluso en cuanto a las cosas útiles, habla poco… No mires nunca nada por curiosidad. ¡Que cada mañana Jesús tenga tu primera mirada, tu primer pensamiento, tu primera palabra, y que esta sea de agradecimiento y amor! A los pies del sagrario, pon tu corazón en el de Jesús para toda la jornada y mantén esta conversación hasta la noche. Por la noche, deplorarás tus faltas de nuevo a sus pies, le agradecerás sus gracias… Tú sabes a qué me refiero.

Sé muy fiel a estos propósitos. Jesús quiere de ti una gran pureza de intención, un amor sin límites. No te perdones nada. Cuanto más se sacrifica un alma, es más feliz. Amor con amor se paga, es verdad, pero se paga también con gratitud, con renuncia y con el don de sí misma. Sacrifícate, pues, y date para siempre.

El sufrimiento siempre precede al amor… hay un grado de amor que solo aquellos que han sufrido y padecido mucho, y han sido atormentados, lo alcanzan. Te hablo, sobre todo, de sufrimientos del corazón.

El sufrimiento más grande que puede padecer un alma que ama verdaderamente a Jesús es no amarlo todo lo que desearía.

¡Oh, cuánto te ama Jesús, a pesar de tu miseria y frialdad! Considera como, a través de sus gracias, Él te atrae con su bondad; a través de los sufrimientos, de las pruebas, Él te desapega de todo; y a través del amor, Jesús desea unirte a Él tan íntimamente que llegues a ser, por decirlo así, otro Jesús.

La madre O… se encuentra en las profundidades del purgatorio.

Las almas de las religiosas, de los sacerdotes y de las personas que han sido colmadas de gracias, tienen un purgatorio terrible, porque han abusado de los medios que Dios ha puesto a su disposición.

***

Mayo, retiro. Dios tiene medios para conseguir sus objetivos cuando quiere algo particular de un alma.

Lo que Dios cuida está bien custodiado. Lo hace manifiesto cuando le place. Sobre todo por ti, Jesús, desde toda la eternidad, ha tenido la intención de preparar y de santificar la persona de la que te hablo. Se santifica una a través de la otra.

Dios te ama, tú lo amas. Es necesario que tu unión con Él se vuelva más estrecha en este retiro; que tu amor se acreciente, que tu voluntad sea una con Jesús, que sus intereses sean los tuyos.

¿Por qué afligirte así por el reverendo padre? Todo lo que Dios hace está bien hecho. ¿Acaso no es Dios quien lo predispone y lo proporciona? ¿Por qué te lo quitaría? Los designios de Dios son inescrutables. Cuando Él quiere un alma toda para Él, ¿qué no hará para unirla a sí? Cuántos medios, desconocidos para nosotros, tiene su poder. Confía mucho en Jesús. No desconfíes de su bondad. Serás tanto más buena cuanto más trates de serle agradable en todo; Él será más generosos contigo.

Este retiro debe ser el comienzo de la gran perfección a la que Jesús te llama desde hace mucho tiempo.

Jesús espera mucho de ti en este retiro. Él te ha concedido una nueva gracia muy preciosa… ¿Qué más quieres? A cambio, date enteramente a Él: que Él sea el dueño de tu alma. Vigila con gran diligencia tu interior. Siempre comunícate de corazón a Corazón con Jesús. Que no salga de ti ninguna palabra, ningún pensamiento y ningún deseo que no sea su adorable voluntad. ¡Si supieras qué unión quiere contraer Jesús con tu alma no obstaculizarías sus designios, no pondrías resistencias, como haces a menudo! ¿Por fin me entiendes? Esta gran perfección te da miedo; temes que sea una ilusión. Pero con Jesús, ¿qué puedes temer? Él es tu padre, tu amigo, tu esposo, tu todo… ¿Es que, acaso, no tiene todo el derecho de exigir a un alma lo que Él quiere sin darle razones? Él es el gran dueño, el señor de todo, ¿por qué quieres, con tu estrecha mirada, averiguar lo que hace? Adora sus designios y obedece a ciegas. He aquí lo que quiere de ti; ponte, pues, a trabajar con seriedad y con todo el corazón en tu santificación. Redobla tu amor y tu ternura por Jesús. Consuélalo, desagrávialo de todas las injurias que recibe del mundo. Ámalo por aquellos que no le aman, repara por aquellos que lo ultrajan; pídele perdón por aquellos que lo ignoran. Jesús espera esto de ti… ¿lo rechazarás?

20 de mayo. Jesús te demuestra que te ama; a cambio, desea que tú correspondas con amor. Tú sabes bien todo lo que te pide desde hace mucho tiempo; no titubees ya por favor. Date enteramente, piérdete en Él y no vuelvas atrás.

¡En la tierra cada uno se las arregla como puede pero, en el otro mundo, Dios nos arregla a su manera!

¡Qué pocas amistades verdaderas hay en la tierra! Muchas veces se ama por capricho, por interés. Una pequeña fricción, una palabra, a veces una falta de respeto, separa a amigos que parecían inseparables. Esto ocurre porque Dios no está en su corazón; solo en los corazones donde sobreabunda el amor de Jesús pueden darse plenamente los amigos. Toda amistad que no está así fundada en Dios es falsa y no es duradera.

Pero cuando Jesús posee un corazón, entonces este corazón puede amar y hacer el bien a sus amigos; porque hay en él un manantial de amistad pura y sin mezclas. Este es un pequeño reflejo de la amistad del Cielo. Todo lo demás brota de la naturaleza y nada más.

Ten siempre metas más altas que las terrenas. No busques nunca ni la estima ni la amistad de las personas. Jesús y tú, siempre. No sería mucho si le dieras todo el corazón. Ámalo… pero solamente por Él mismo…

Junio. Y bien, ¿estás contenta? ¿Me crees ahora? Te perdono todo lo que has pensado de mí en estos días pasados. En iguales circunstancias no podía ser de otra manera; en esto no has pecado. Admírate de la bondad de Jesús. Después de haber dejado actuar al demonio, que tanto te ha hecho sufrir… al fin lo ha derribado y se ha cumplido su santa voluntad; esto era lo que Él esperaba. ¡Oh! Cuando el buen Dios tiene unos designios particulares sobre ciertas almas, no se realizan sino a costa de muchos sufrimientos; lo has experimentado otra vez, ¿no es verdad? Pero no estás sola.

¡M.L. no se desanima nunca! Podrá tener momentos de disgusto, de cansancio, pero tiene el tabernáculo; allí descubre su alma delante de Jesús y pide con una gran fe sus luces, a fin de ser él mismo luz de las almas que le son confiadas. Jesús lo ama y se lo hará experimentar. ¡Por el contrario, nunca podrá hacer él demasiado por un Dios tan amable!

Junio. Por fin estás feliz de haber encontrado un sacerdote, ¿verdad? Pon mucha atención a todo lo que te diga: esto le agradará mucho a Dios. Es obra de la gracia, aprovéchala con gratitud. Es un gran regalo para un alma encontrar a otra que la comprenda, ¡y esto es muy raro en la tierra!

¡Jesús encuentra muy pocas almas generosas en este mundo, son muy pocas las que lo aman… incluso entre sus sacerdotes! Él, el buen maestro, espera mucho de este sacerdote.

¡Oh, qué grande es el sacerdote! ¡Qué sublime es su misión! Pero, ¡ay!, ¡en estos momentos qué pocos la comprenden!

28 de agosto. ¡Hasta ahora no has hecho nunca oración como lo desea Jesús! ¡No haces mucho caso a todas sus inspiraciones!

¡Muy frecuentemente pierdes de vista su santa presencia! Esta es la causa por la que no avanzas en la perfección como Él lo espera. Vigila, pues, con empeño sobre ti misma. Desde hace mucho tiempo te lo pido de su parte.

29 de agosto, retiro. Desde hace muchos años Dios te llama… Con un pretexto o con otro te haces la sorda; pero ya es tiempo de que atiendas a todo lo que te he dicho. Aprovecha estos días santos del retiro y pon en práctica lo que has escrito. Considera a qué nivel has llegado con respecto a Jesús, que es tan bueno y paciente contigo. Piensa que Él algún día podría cansarse de ti, viendo que haces muy poco caso de las gracias particulares que te concede y de aquellas que te reserva para el futuro. Demuéstrale a Jesús que lo amas y dale tu voluntad, toda entera. Sin indecisiones. Dile que Él haga de ti todo lo que quiera, pero díselo desde el fondo de tu corazón. La santidad es menos difícil de lo que crees. Sufres más en resistir, en luchar todos los días contra Dios que te atrae. Ya no estarías sufriendo si te hubieras entregado sin reservas de una vez para siempre.

Siete de la tarde. Acostúmbrate a hablar con nuestro Señor como con el amigo más querido y más sincero. No hagas ni digas nada sin consultarlo. Hace muchos años que te lo vengo repitiendo y hoy te lo repito de nuevo. Ya te lo he dicho muchas veces; Dios quiere que pongas atención y, sobre todo, que lo pongas en práctica. La mirada de tu alma debe estar siempre fija en Jesús para acoger sus más pequeños deseos; este diálogo divino y constante que Él quiere tener contigo no te turbará ni te impedirá realizar labores externas; al contrario, es imposible que el exterior esté en calma si en el interior no la hay. Las pasiones interiores se reflejan siempre en el exterior y el alma que vigila con gran empeño sobre sí misma también es dueña de su exterior. Esto es lo que Jesús pide de ti: una vida de fe y de unión incesante con Él, una vida humilde, escondida, conocida solo por Él… que Él lo sea todo para ti. Considera todo lo que te pasa como un medio del que Jesús se sirve para unirte más a Él, para realizar los designios que Él tiene sobre ti. No pongas obstáculos, sé generosa. Que no te falte ni la energía ni el corazón; comienza, pues, esta vida de renuncia, de sacrificio y, sobre todo, de amor que Jesús quiere completamente de ti. Solo allí encontrarás la calma y la paz que Él te ofrece desde hace muchos años.

Que la santa voluntad de Dios sea la base de todo lo que tienes que hacer y de todo lo que tiene que sufrir. Jesús espera mucho de ti, por ello tendrás sufrimientos corporales y espirituales, y también mucho amor. No se puede amar sin que la naturaleza sufra, tú lo sabes bien; lo has probado en el pasado. Prepárate para el futuro. Dios te ha dado todo lo necesario para que sientas el sufrimiento más que nadie. Esta es una gracia y una misericordia más. Donde hay grandes sacrificios que hacer hay más méritos.

Te conjuro a no poner más resistencia a los designios que Dios tiene sobre ti; no pidas más pruebas, ya has tenido bastantes. Has oído interiormente que Jesús te quiere toda suya. Considéralo cuidadosamente al pie del sagrario; mira lo que tienes que hacer y no lo dudes más. Cuántas gracias te esperan, si quisieras, gracias ante todo para ti, y para muchas otras almas. Si no eres generosa, darás cuenta de ello algún día.

Sé toda para Jesús. No hagas caso a lo que puedan decir de ti; el demonio lo provoca para detenerte en el camino y Jesús lo permite para desapegarte de todo lo que te rodea, tiende siempre a tu fin: cumple con tus deberes, haz todas tus acciones para agradar a Jesús. Esto es todo, lo demás es secundario.

Sé muy generosa; haz a un lado el yo y dale preferencia en todo a Jesús. Piensa frecuentemente en esto: si quieres que tus acciones agraden a Jesús, es necesario que en cada una de ellas haya siempre un pequeño sacrificio, algo que te cueste; sin esto no hay mérito. Sobre todo no será difícil para ti dar esta satisfacción a Jesús. Y no creas que cuando una cosa te cuesta mucho no tiene mérito, es todo lo contrario. Que solo Jesús y tú lo sepáis. Pregúntame cada noche si Dios está contento de ti, yo te lo diré.

Has sufrido mucho, y todavía sufrirás más; pero, a cambio, Jesús ha sido bueno contigo y todavía lo será más en el futuro.

[Año 1886]

Mayo. Es verdad que nadie merece las gracias de Dios, son favores, pero cuando las concede es necesario recibirlas con agradecimiento y aprovecharlas.

Para el alma religiosa, es necesaria la vida interior, la vida de sacrificio, la pureza de intención: este es el resumen de la vida.

Aprende a respetar la regla y a los sacerdotes. Aquellos que van en contra de los ministros de Jesucristo le hieren en la pupila de los ojos. ¡Desdichados! ¡Tres veces desdichados aquellos que actúan así!

Lo que más agrada a Dios, y que una religiosa puede hacer, en sufragio de sus parientes difuntos no son una gran cantidad de plegarias sino que todas las acciones se hagan con una gran pureza de intención y en unión a nuestro Señor.

En la tierra, Jesús crucifica al alma que más ama; pero la cruz que Dios envía tiene siempre amargura mezclada con dulzuras. En cambio las cruces que nos llegan por nuestras culpas, en ellas solo hay amargura.

Noviembre. ¡Tantas pruebas…! Dios las ha permitido para probarte por completo, para darte la fuerza del alma y también para hacer triunfar su gloria, su justicia y su amor.

Él desea… que vivas en unión con Él, una unión de reparación y de oración. Si tú te tomas en serio, de corazón, los intereses de Jesús, Él tomará también los tuyos.

Navidad. Si tú quisieras… pronto te sería quitada esta incomodidad y a mí se me daría la libertad.

[Año 1887]

Febrero. Cuando Dios tiene designios particulares sobre un alma, cuando no quiere que sea del montón, Él le asigna un alma magnánima, un corazón generoso, un juicio recto, un buen carácter, una cabeza sólida. Cuando no encuentras estas cualidades en una persona, Dios no quiere nada particular de ella.

Jesús nunca muestra a un alma lo que quiere de ella de un solo golpe, se espantaría. Es poco a poco, y a la medida de su gracia, cómo la va fortaleciendo, cómo va descubriéndole sus secretos y la hace partícipe de su cruz.

Dios te ama de una manera especial. Eres su hija predilecta. Lo que te pasa es para tu mayor bien.

Todo el mundo debe amar al buen Dios de un modo particular, pero para ti hay una obligación especial. Debes corresponder con un amor especial al amor especial que Dios te tiene a ti.

24 de junio. Vive muy unida a Jesús. Antes de cualquier acción o cosa que vayas a hacer o decir, pídele consejo; háblale de corazón a Corazón como a un amigo que está siempre cerca de ti.

Jesús quiere tu alma toda entera, con todas sus facultades y potencias; tu corazón, con todas tus ternuras, con todo su amor. Jesús quiere ser uno contigo, y todo lo que Él te dará de gracias y de dedicación para el prójimo, tú lo sacarás de su divino Corazón, de esta fuente divina que nunca se agota. He aquí cómo deben actuar sus esposas llenas de ternura, sobre todo tú, a quien Él ama sobremanera.

Jesús desea que correspondas a su amor. ¡Oh, si yo pudiera decirte todas las gracias que Dios te reserva si no pones obstáculos a su acción en ti; ¡gracias inmensas que te unirán indisolublemente a Él, gracias de elección, particulares, íntimas! Tiene muchas cosas para confiarte solo a ti y para el bien común.

Cuando te sea posible, pasa por la iglesia, haz una pequeña visita a Jesús y derrama ante Él tu corazón. Dile tus penas, tus gozos, tus sufrimientos; en una palabra: todo. Háblale como se le habla a un amigo cariñoso, a un padre, a un esposo. Manifiéstale toda la ternura que sientes, toda por Él, y, cuando no puedas ir a la iglesia, háblale frecuentemente en tu corazón; durante el día entra algunos instantes en su santa presencia, recógete ante su majestad. Reconoce tu miseria, pero también su misericordia, y agradécele de corazón. Durante toda la jornada, puedes hablarle a Jesús de corazón a Corazón; es lo que Él desea y espera de ti desde hace mucho tiempo.

Si eres fiel a todo lo que te he dicho, si tratas de agradar a Jesús en todo, si tienes hacia Él todas las delicadezas de un corazón enamorado, que siempre está dispuesto a examinar lo que puede hacer para agradar a su divino esposo; entonces Jesús, por su parte, te revelará sus secretos más íntimos, sus divinas caricias, su amor de padre y de esposo amantísimo. Entonces, también tú obtendrás de Él todo lo que le pidas. Él no te negará nada. Tú te darás toda entera, Él se dará todo entero.

El buen Dios desea que en este retiro llegues al estado en el que quiere verte desde hace mucho tiempo. Con frecuencia Dios alcanza sus objetivos en nosotros por medios completamente desconocidos para nosotros. Pues bien, manos a la obra; ¡pon mucho ánimo! Jesús, por su parte, va a darte gracias nuevas; correspóndele muy generosamente por ti y por el bien de toda la comunidad. ¡Que Jesús encuentre fácil moldearte y plasmarte a su agrado! Escucha atentamente su voz en el fondo de tu corazón y no pierdas ninguna de sus gracias. ¡Que tu voluntad sea una sola con su voluntad adorable! Que tu corazón se pierda en el suyo. Muy pronto se realizarán en ti sus designios si tú no pones obstáculo. No pierdas de vista su divina presencia… Dios te quiere de modo especial, santa y exclusivamente para Él. ¡Date a esa tarea…! Jesús quiere tu corazón lleno de amor puro, desinteresado, generoso, que no teme sufrir, que no busca sus comodidades, y todo eso para agradarle únicamente a Él.

Dios no prohíbe tener cuidado del propio cuerpo, pero hay personas a las que Él mismo quiere cuidar y curar cuando bien le parece. Para ellas, los remedios no les son provechosos. Para ellas, una pequeña mortificación vale más que todo lo demás. Cree lo que te digo y lo verás. Estas es la vía sencilla y común que Jesús quiere para ti, a quien ama de modo especial.

***

¡Que la fe práctica anime todas tus acciones! ¡Que la confianza en Jesús y en su amor te haga emprender generosamente todo lo que Él exige de ti! Cuando te despiertes cada mañana dile a tu amado: "Mi Jesús, heme aquí para hacer tu voluntad; ¿qué quieres que haga hoy para complacerte?".

Haz todos tus ejercicios de piedad con mucho amor, bajo la mirada de Jesús. Solo se hace bien a las almas en proporción a la propia unión con Dios.

Dios busca almas que reparen los ultrajes que recibe, que lo amen y que lo hagan amar. Él quiere que tú seas una de estas.

En un momento determinado, Dios desarma las tramas y arroja al vacío los planes de aquellos que no buscan únicamente su gloria.

Jesús, antes de conceder a un alma una unión íntima con Él, la purifica a través de las pruebas y, mientras más grandes son sus designios sobre esa alma, más grandes igualmente serán las pruebas.

El demonio sabe bien que Dios tiene designios especiales para ti; por eso te molesta y manda que te molesten los suyos… no te desanimes. Dios te ayuda y te ayudará. Lucha con coraje. A pesar de los esfuerzos del infierno, Dios conseguirá sus objetivos.

Dios se sirve de mí para animarte, puesto que no tienes a nadie. Guarda bien esto y verás que la naturaleza tiene necesidad de estos pequeños estímulos. Piénsalo cuando llegue la ocasión, porque tienes y tendrás que guiar almas. Dios te da ejemplo en el huerto de la agonía.

Ten plena confianza en Jesús. Nunca te defraudará.

Fija tu morada habitual en el Corazón de Jesús. ¡Que el amor sea la cadena que une tu corazón a su Corazón adorable! Tu corazón tan miserable se purificará, se desapegará de todo al contacto con este Corazón tan puro.

Saca, además, de este divino Corazón de Jesús las gracias para aquellos que te han sido confiados. Él no te negará nada de lo que tú pidas con confianza y amor.

Las penas y los sufrimientos del corazón son más dolorosos que aquellos del cuerpo. ¡Pero para un alma que ama a Jesús, el dolor más grande es causarle a Él sufrimientos cada día por los propios pecados e ingratitudes!

Pide al Corazón de Jesús la fortaleza del alma necesaria para realizar en ti sus designios.

¡Si Dios exige tan grande pureza de alma para admitir a alguien en el Cielo es porque Él es la eterna pureza, la eterna belleza, la eterna justicia, la eterna bondad y la eterna perfección!

Dios permite que sufras en cuerpo y en espíritu a fin de que, muerta a ti misma, Él pueda realizar en ti sus grandes designios, a fin de que conozcas el arte de perfeccionar a los demás con tu propia experiencia.

***

Para imprimir en tu espíritu la presencia de Dios, toma cada día una de las catorce estaciones del Vía Crucis, en la que pensarás detenidamente. A Jesús le agrada que se recuerden todos los sufrimientos que ha padecido por nosotros. Los días de fiesta reflexiona sobre uno de los misterios gloriosos: la Resurrección, la Ascensión… También medita con frecuencia en la Eucaristía, en la vida escondida de Jesús en el sagrario. Allí, verás sobre todo su amor. Allí, en el sagrario, está solo, sin adoradores, en la mayor parte de las iglesias del mundo. Espera en vano que alguien venga a decirle: "Yo te amo".

Cada domingo, reúne unas pequeñas provisiones para la semana; en una palabra, busca complacer a Jesús. Él te lo devolverá a cambio.

En la Comunión, Jesús te unirá a sí muy íntimamente, y se unirá a ti, como nunca lo ha hecho con ningún otro. Encontrarás en este divino alimento, una fuerza extraordinaria para llegar a la perfección a la que Jesús te llama.

Todo pasa, ¡y pasa a toda velocidad! No nos aflijamos tanto por las cosas que un día se acabarán. Contemplemos lo que no se acabará jamás… Con nuestras acciones santas y unidas a Jesús, embellezcamos el trono que nos espera en el Cielo. Subamos algunos peldaños muy próximos al Cielo que tendremos que contemplar y amar por toda la eternidad. He aquí la que debe ser nuestra única ocupación en la tierra.

Por el alma que Jesús ama, Él hace cosas que, a primera vista, parecen imposibles. ¡Así es como actuará contigo!

Es el buen Jesús quien te atrae a sí muy dulcemente, muy suavemente, pero al mismo tiempo, con mucha fuerza. No pongas resistencia a su divina atracción.

El mismo Jesús te dirá muy pronto lo que quiere de ti. Mientras tanto, yo soy la encargada de transmitirte su divina voluntad. Escucha bien su voz que te habla íntimamente en el fondo del corazón; no le niegues nada y lo ganarás todo; porque si eres generosa, Él lo será más. Ya has tenido pruebas de ello.

El buen Dios quiere a su servicio almas generosas que no tengan ninguna preocupación de sí mismas, que pongan toda su atención, toda su buena voluntad, en hacerlo amar y en servir sus intereses.

Las gracias de Dios son dones que Él no está obligado a darnos. Las concede a quien le place, sin que nadie le pueda reclamar. ¿Quién tiene derecho de ponerle leyes al divino maestro? Por tanto, recibe y agradece humildemente las gracias particulares que Jesús te concede, pero sin buscar ni averiguar el porqué.

Jesús quiere que te eleves por encima de todas las criaturas, que ningún vínculo, ni un insignificante hilo te mantenga atada a la tierra. ¡Él te hace vivir ya la vida de los elegidos, cuya única ocupación es gozarse de amar y de perderse en Dios!

[Año 1890]

2 de noviembre, recuerdo. Última bendición del mes del rosario. Trataré de hacerte comprender, en la medida que puedes hacerlo en la tierra, lo que es el Cielo. Es una fiesta siempre nueva que se sucede sin interrupción; se tiene una felicidad siempre nueva –así parece– nunca antes probada. Es un torrente de gozo que desborda sin cesar en todos los elegidos… El Cielo es, sobre todo, Dios; Dios amado, gustado, saboreado. ¡Es, en una palabra, la saciedad de Dios y, sin embargo, sin ser saciados!

Cuanto más ha amado un alma a Dios en la tierra y más ha alcanzado la cumbre de la perfección, más ama y comprende a Dios en el Cielo.

Jesús el verdadero gozo en la tierra, y el eterno gozo en el Cielo.

Epílogo

Asociación de Nuestra Señora de la Buena Muerte

Esta obra fue creada el 14 de mayo de 1865 en Tinchebray (Francia). En la misma diócesis, y veinte años más tarde, el 4 de octubre de 1884, el padre Paul-Joseph Buguet fundó en La Chapelle-Montligeon la Fraternidad de Nuestra Señora de Montligeon, entonces cofradía de sacerdotes por las almas del purgatorio. Estas dos instituciones funcionaron de manera autónoma hasta el año 2002, fecha en que la Asociación de Nuestra Señora de la Buena Muerte es transferida al santuario de Nuestra Señora de Montligeon (www.montligeon.org).

Este santuario ha llegado a ser un lugar privilegiado en el que experimentar, en la Iglesia, la comunión de los santos. Los peregrinos se unen, por la fe y la oración, a los santos del cielo y a todos los difuntos, las almas del purgatorio. Es la misma fe y la misma esperanza las que los anima, y la misma caridad la que los une.

El objetivo principal de la Fraternidad de Montligeon consiste en rezar y hacer rezar por los difuntos, mediante la celebración diaria y perpetua de la santa misa por las intenciones de todos los miembros de la Fraternidad.

Anexo

Catecismo de la Iglesia Católica

III. La purificación final o purgatorio

1030. Los que mueren en la gracia y en la amistad de Dios, pero imperfectamente purificados, aunque están seguros de su eterna salvación, sufren después de su muerte una purificación, a fin de obtener la santidad necesaria para entrar en la alegría del cielo.

1031. La Iglesia llama purgatorio a esta purificación final de los elegidos que es completamente distinta del castigo de los condenados. La Iglesia ha formulado la doctrina de la fe relativa al purgatorio sobre todo en los Concilios de Florencia (cf. DS 1304) y de Trento (cf. DS 1820; 1580). La tradición de la Iglesia, haciendo referencia a ciertos textos de la Escritura (por ejemplo *1 Co* 3, 15; *1 P* 1, 7) habla de un fuego purificador:

«Respecto a ciertas faltas ligeras, es necesario creer que, antes del juicio, existe un fuego purificador, según lo que afirma Aquel que es la Verdad, al decir que si alguno ha pronunciado una blasfemia contra el Espíritu Santo, esto no le será perdonado ni en este siglo, ni en el futuro (*Mt* 12, 31). En esta frase podemos entender que algunas faltas pueden ser perdonadas en este siglo, pero otras en el siglo futuro (San Gregorio Magno, *Dialogi* 4, 41, 3).

1032. Esta enseñanza se apoya también en la práctica de la oración por los difuntos, de la que ya habla la Escritura: "Por eso mandó [Judas Macabeo] hacer este sacrificio expiatorio en favor de los muertos, para que quedaran liberados del pecado" (*2 M* 12, 46). Desde los primeros tiempos, la Iglesia ha honrado la memoria de los difuntos y ha ofrecido sufragios en su favor, en particular el sacrificio eucarístico (cf. DS 856), para que, una vez purificados, puedan llegar a la visión beatífica de Dios. La Iglesia también recomienda las limosnas, las indulgencias y las obras de penitencia en favor de los difuntos:

«Llevémosles socorros y hagamos su conmemoración. Si los hijos de Job fueron purificados por el sacrificio de su padre (cf. *Jb* 1, 5), ¿por qué habríamos de dudar de que nuestras ofrendas por los muertos les lleven un cierto consuelo? [...] No dudemos, pues, en socorrer a los que han partido y en ofrecer nuestras plegarias por ellos» (San Juan Crisóstomo, *In epistulam I ad Corinthios* homilia 41, 5).

Anexo

Audiencia general del miércoles,
4 de agosto de 1999, con san Juan Pablo II

El purgatorio: purificación necesaria para el encuentro con Dios

1. Como hemos visto en las dos catequesis anteriores, a partir de la opción definitiva por Dios o contra Dios, el hombre se encuentra ante una alternativa: o vive con el Señor en la bienaventuranza eterna, o permanece alejado de su presencia.

Para cuantos se encuentran en la condición de apertura a Dios, pero de un modo imperfecto, el camino hacia la bienaventuranza plena requiere una purificación, que la fe de la Iglesia ilustra mediante la doctrina del «purgatorio» (cf. *Catecismo de la Iglesia católica*, nn. 1030-1032).

2. En la sagrada Escritura se pueden captar algunos elementos que ayudan a comprender el sentido de esta doctrina, aunque no esté enunciada de modo explícito. Expresan la convicción de que no se puede acceder a Dios sin pasar a través de algún tipo de purificación.

Según la legislación religiosa del Antiguo Testamento, lo que está destinado a Dios debe ser perfecto. En consecuencia, también la integridad física es particularmente exigida para las realidades que entran en contacto con Dios en el plano *sacrificial*, como, por ejemplo, los animales para inmolar (cf. *Lv* 22, 22), o en el *institucional*, como en el caso de los sacerdotes, ministros del culto (cf. *Lv* 21, 17-23). A esta integridad física debe corresponder una entrega total, tanto de las personas como de la colectividad (cf. *1 R* 8, 61), al Dios de la alianza de acuerdo con las grandes enseñanzas del Deuteronomio (cf. *Dt* 6, 5). Se trata de amar a Dios con todo el ser, con pureza de corazón y con el testimonio de las obras (cf. *Dt* 10, 12 s).

La exigencia de integridad se impone evidentemente después de la muerte, para entrar en la comunión perfecta y definitiva con Dios. Quien no tiene esta integridad debe pasar por la purificación. Un texto de san Pablo lo sugiere. El Apóstol habla del valor de la obra de cada uno, que se revelará el día del juicio, y dice: «Aquel, cuya obra, construida sobre el cimiento (Cristo), resista, recibirá la recompensa. Mas aquel, cuya obra quede abrasada, sufrirá el daño. Él, no obstante, quedará a salvo, pero como quien pasa a través del fuego» (*1 Co* 3, 14-15).

3. Para alcanzar un estado de integridad perfecta es necesaria, a veces, la intercesión o la mediación de una persona. Por ejemplo, Moisés obtiene el perdón del pueblo con una súplica, en la que evoca la obra salvífica realizada por Dios en el pasado e invoca su fidelidad al juramento hecho a los padres (cf. *Ex* 32, 30 y vv. 11-13). La figura del Siervo del Señor, delineada por el libro de Isaías, se caracteriza también por su función de interceder y expiar en favor de muchos; al término de sus sufrimientos, él «verá la luz» y «justificará a muchos», cargando con sus culpas (cf. *Is* 52, 13-53, 12, especialmente 53, 11).

El Salmo 51 puede considerarse, desde la visión del Antiguo Testamento, una síntesis del proceso de reintegración: el pecador confiesa y reconoce la propia culpa (v. 6), y pide insistentemente ser purificado o «lavado» (vv. 4. 9. 12 y 16), para poder proclamar la alabanza divina (v. 17).

4. El Nuevo Testamento presenta a Cristo como el intercesor, que desempeña las funciones del sumo sacerdote el día de la expiación (cf. *Hb* 5, 7; 7, 25). Pero en él el sacerdocio presenta una configuración nueva y definitiva. Él entra una sola vez en el santuario celestial para interceder ante Dios en favor nuestro (cf. *Hb* 9, 23-26, especialmente el v.€ 4). Es Sacerdote y, al mismo tiempo, «víctima de propiciación» por los pecados de todo el mundo (cf. 1 *Jn* 2, 2).

Jesús, como el gran intercesor que expía por nosotros, se revelará plenamente al final de nuestra vida, cuando se manifieste con el ofrecimiento de misericordia, pero también con el juicio inevitable para quien rechaza el amor y el perdón del Padre.

El ofrecimiento de misericordia no excluye el deber de presentarnos puros e íntegros ante Dios, ricos de esa caridad que Pablo llama «vínculo de la perfección» (*Col* 3, 14).

5. Durante nuestra vida terrena, siguiendo la exhortación evangélica a ser perfectos como el Padre celestial (cf. *Mt* 5, 48), estamos llamados a crecer en el amor, para hallarnos firmes e irreprensibles en presencia de Dios Padre, en el momento de «la venida de nuestro Señor Jesucristo, con todos sus santos» (*1 Ts* 3, 12 s). Por otra parte, estamos invitados a «purificarnos de toda mancha de la carne y del espíritu» (*2 Co* 7, 1; cf. *1 Jn* 3, 3), porque el encuentro con Dios requiere una pureza absoluta.

Hay que eliminar todo vestigio de apego al mal y corregir toda imperfección del alma. La purificación debe ser completa, y precisamente esto es lo que enseña la doctrina de la Iglesia sobre el *purgatorio*. Este término no indica un lugar, sino una condición de vida. Quienes después de la muerte viven en un estado de purificación ya están en el amor de Cristo, que los libera de los residuos de la imperfección (cf. concilio ecuménico de Florencia, *Decretum pro Graecis*: Denzinger-Schönmetzer, 1304; concilio ecuménico de Trento, *Decretum de iustificatione y Decretum de purgatorio: ib.*, 1580 y 1820).

Hay que precisar que el estado de purificación no es una prolongación de la situación terrena, como si después de la muerte se diera una ulterior posibilidad de cambiar el propio destino. La enseñanza de la Iglesia a este propósito es inequívoca, y ha sido reafirmada por el concilio Vaticano II, que enseña: «Como no sabemos ni el día ni la hora, es necesario, según el consejo del Señor, estar continuamente en vela. Así, terminada *la única carrera que es nuestra vida en la tierra* (cf. *Hb* 9, 27), mereceremos entrar con él en la boda y ser contados entre los santos y no nos mandarán ir, como siervos malos y perezosos al fuego eterno, a las tinieblas exteriores, donde habrá llanto y rechinar de dientes le (*Mt* 22, 13 y 25, 30)» (*Lumen gentium*, 48).

6. Hay que proponer hoy de nuevo un último aspecto importante, que la tradición de la Iglesia siempre ha puesto de relieve: la *dimensión comunitaria*. En efecto, quienes se encuentran en la condición de purificación están unidos tanto a los bienaventurados, que ya gozan plenamente de la vida eterna, como a nosotros, que caminamos en este mundo hacia la casa del Padre (cf. *Catecismo de la Iglesia católica*, n. 1032).

Así como en la vida terrena los creyentes están unidos entre sí en el único Cuerpo místico, así también después de la muerte los que viven en estado de purificación experimentan la misma solidaridad eclesial que actúa en la oración, en los sufragios y en la caridad de los demás hermanos en la fe. La purificación se realiza en el vínculo esencial que se crea entre quienes viven la vida del tiempo presente y quienes ya gozan de la bienaventuranza eterna.

Anexo

Carta Encíclica Spe Salvi, de Benedicto XVI

46. (…) En gran parte de los hombres –eso podemos suponer– queda en lo más profundo de su ser una última apertura interior a la verdad, al amor, a Dios. Pero en las opciones concretas de la vida, esta apertura se ha empañado con nuevos compromisos con el mal; hay mucha suciedad que recubre la pureza, de la que, sin embargo, queda la sed y que, a pesar de todo, rebrota una vez más desde el fondo de la inmundicia y está presente en el alma. ¿Qué sucede con estas personas cuando comparecen ante el Juez? Toda la suciedad que ha acumulado en su vida, ¿se hará de repente irrelevante? O, ¿qué otra cosa podría ocurrir? San Pablo, en la *Primera Carta a los Corintios*, nos da una idea del efecto diverso del juicio de Dios sobre el hombre, según sus condiciones. Lo hace con imágenes que quieren expresar de algún modo lo invisible, sin que podamos traducir estas imágenes en conceptos, simplemente porque no podemos asomarnos a lo que hay más allá de la muerte ni tenemos experiencia alguna de ello. Pablo dice sobre la existencia cristiana, ante todo, que ésta está construida sobre un fundamento común: Jesucristo. Éste es un fundamento que resiste. Si hemos permanecido firmes sobre este fundamento y hemos construido sobre él nuestra vida, sabemos que este fundamento no se nos puede quitar ni siquiera en la muerte. Y continúa: «Encima de este cimiento edifican con oro, plata y piedras preciosas, o con madera, heno o paja. Lo que ha hecho cada uno saldrá a la luz; el día del juicio lo manifestará, porque ese día despuntará con fuego y el fuego pondrá a prueba la calidad de cada construcción. Aquel, cuya obra, construida sobre el cimiento, resista, recibirá la recompensa, mientras que aquel cuya obra quede abrasada sufrirá el daño. No obstante, él quedará a salvo, pero como quien pasa a través del fuego» (3,12-15). En todo caso, en este texto se muestra con nitidez que la salvación de los hombres puede tener diversas formas; que algunas de las cosas construidas pueden consumirse totalmente; que para salvarse es necesario atravesar el «fuego» en primera persona para llegar a ser definitivamente capaces de Dios y poder tomar parte en la mesa del banquete nupcial eterno.

47. Algunos teólogos recientes piensan que el fuego que arde, y que a la vez salva, es Cristo mismo, el Juez y Salvador. El encuentro con Él es el acto decisivo del Juicio. Ante su mirada, toda falsedad se deshace. Es el encuentro con Él lo que, quemándonos, nos transforma y nos libera para llegar a ser verdaderamente nosotros mismos. En ese momento, todo lo que se ha construido durante la vida puede manifestarse como paja seca, vacua fanfarronería, y derrumbarse. Pero en el dolor de este encuentro, en el cual lo impuro y malsano de nuestro ser se nos presenta con toda claridad, está la salvación. Su mirada, el toque de su corazón, nos cura a través de una transformación, ciertamente dolorosa, «como a través del fuego». Pero es un dolor bienaventurado, en el cual el poder santo de su amor nos penetra como una llama, permitiéndonos ser por fin totalmente nosotros mismos y, con ello, totalmente de Dios. Así se entiende también con toda claridad la compenetración entre justicia y gracia: nuestro modo de vivir no es irrelevante, pero nuestra inmundicia no nos ensucia eternamente, al menos si permanecemos orientados hacia Cristo, hacia la verdad y el amor. A fin de cuentas, esta suciedad ha sido ya quemada en la Pasión de Cristo. En el momento del Juicio experimentamos y acogemos este predominio de su amor sobre todo el mal en el mundo y en nosotros. El dolor del amor se convierte en nuestra salvación y nuestra alegría. Está claro que no podemos calcular con las medidas cronométricas de este mundo la «duración» de este arder que transforma. El «momento» transformador de este encuentro está fuera del alcance del cronometraje terrenal. Es tiempo del corazón, tiempo del « paso » a la comunión con Dios en el Cuerpo de Cristo[39]. El Juicio de Dios es esperanza, tanto porque es justicia, como porque es gracia. Si fuera solamente gracia que convierte en irrelevante todo lo que es terrenal, Dios seguiría debiéndonos aún la respuesta a la pregunta sobre la justicia, una pregunta decisiva para nosotros ante la historia y ante Dios mismo. Si fuera pura justicia, podría ser al final sólo un motivo de temor para todos nosotros. La encarnación de Dios en Cristo ha unido uno con otra –juicio y gracia– de tal modo que la justicia se establece con firmeza: todos nosotros esperamos nuestra salvación «con temor y temblor» (*Fil* 2,12). No obstante, la gracia nos permite a todos esperar y encaminarnos llenos de confianza al encuentro con el Juez, que conocemos como nuestro «abogado», *parakletos* (cf. 1 *Jn* 2,1).

48. Sobre este punto hay que mencionar aún un aspecto, porque es importante para la praxis de la esperanza cristiana. El judaísmo antiguo piensa también que se puede ayudar a los difuntos en su condición intermedia por medio de la oración (cf. por ejemplo 2 Mc 12,38-45: siglo I a. C.). La respectiva praxis ha sido adoptada por los cristianos con mucha naturalidad y es común tanto en la Iglesia oriental como en la occidental. El Oriente no conoce un sufrimiento purificador y expiatorio de las almas en el «más allá», pero conoce ciertamente diversos grados de bienaventuranza, como también de padecimiento en la condición intermedia. Sin embargo, se puede dar a las almas de los difuntos «consuelo y alivio» por medio de la Eucaristía, la oración y la limosna.

Que el amor pueda llegar hasta el más allá, que sea posible un recíproco dar y recibir, en el que estamos unidos unos con otros con vínculos de afecto más allá del confín de la muerte, ha sido una convicción fundamental del cristianismo de todos los siglos y sigue siendo también hoy una experiencia consoladora. ¿Quién no siente la necesidad de hacer llegar a los propios seres queridos que ya se fueron un signo de bondad, de gratitud o también de petición de perdón? Ahora nos podríamos hacer una pregunta más: si el «purgatorio» es simplemente el ser purificado mediante el fuego en el encuentro con el Señor, Juez y Salvador, ¿cómo puede intervenir una tercera persona, por más que sea cercana a la otra? Cuando planteamos una cuestión similar, deberíamos darnos cuenta que ningún ser humano es una mónada cerrada en sí misma. Nuestras existencias están en profunda comunión entre sí, entrelazadas unas con otras a través de múltiples interacciones. Nadie vive solo. Ninguno peca solo. Nadie se salva solo. En mi vida entra continuamente la de los otros: en lo que pienso, digo, me ocupo o hago. Y viceversa, mi vida entra en la vida de los demás, tanto en el bien como en el mal. Así, mi intercesión en modo alguno es algo ajeno para el otro, algo externo, ni siquiera después de la muerte. En el entramado del ser, mi gratitud para con él, mi oración por él, puede significar una pequeña etapa de su purificación. Y con esto no es necesario convertir el tiempo terrenal en el tiempo de Dios: en la comunión de las almas queda superado el simple tiempo terrenal. Nunca es demasiado tarde para tocar el corazón del otro y nunca es inútil. Así se aclara aún más un elemento importante del concepto cristiano de esperanza. Nuestra esperanza es siempre y esencialmente también esperanza para los otros; sólo así es realmente esperanza también para mí[40]. Como cristianos, nunca deberíamos preguntarnos solamente: ¿Cómo puedo salvarme yo mismo? Deberíamos preguntarnos también: ¿Qué puedo hacer para que otros se salven y para que surja también para ellos la estrella de la esperanza? Entonces habré hecho el máximo también por mi salvación personal.

Notas

[1] *Informe sobre la fe,* de J. Ratzinger. Madrid, 1985.

[2] Cf. *1 Co* 3,15 en la traducción de la *Biblia de Jerusalén*, Bilbao 1978.

[3] *Ench. Ad Laur.,29,110.*

[4] Cf. Teología del más allá, de C. Pozo. Madrid, 1999.

[5] Santa Margarita María de Alacoque, *Su vida contada por ella misma.*

[6] Muchas de las noticias biográficas referidas y concernientes a las dos religiosas agustinas del convento de Valognes, fueron tomadas del fascículo: *La Dirigée du Purgatoire* (La dirigida del purgatorio), publicado también por la dirección de la Asociación de Nuestra Señora de la Buena Muerte, Tinchebray (Orne), Francia.

[7] Tanto en la publicación francesa como en la italiana está este título, pero debe haber un error cronológico, pues el 24 de marzo de 1874 no fue domingo, sino martes, además no pudo haber sido segundo domingo de Pascua, pues la Pascua en ese año cayó el 5 de abril.

[8] Muchos santos y sabios teólogos manifiestan que, por un favor divino, la Santísima Virgen se muestra a veces a las almas del purgatorio para su alivio y consuelo, sobre todo en los días de sus grandes fiestas.

[9] Como se afirma en la introducción, se usan las imágenes y las expresiones propias de la época. En la actualidad, se habla más del purgatorio como un estado del alma que como un lugar. En concreto, el *Catecismo* enseña lo siguiente: "Los que mueren en la gracia y en la amistad de Dios, pero imperfectamente purificados, aunque están seguros de su eterna salvación, sufren después de su muerte una purificación, a fin de obtener la santidad necesaria para entrar en la alegría del cielo" (CEC 1030).

"La Iglesia llama purgatorio a esta purificación final de los elegidos que es completamente distinta del castigo de los condenados. La Iglesia ha formulado la doctrina de la fe relativa al purgatorio, sobre todo, en los concilios de Florencia (cf. D 1304) y de Trento (cf. D 1820; 1580)" (CEC 1031).

"Todo pecado, incluso venial, entraña apego desordenado a las criaturas que tienen necesidad de purificación, sea aquí abajo, sea después de la muerte, en el estado que se llama purgatorio" (CEC 1472).

[10] No podemos hablar de distancias con nuestras categorías, lo que podemos afirmar es que se trata de otra dimensión de la realidad, que pueda estar más "cerca" de nosotros de lo que nos imaginamos.

[11] La "coronilla de san Miguel", denominado también "Rosario de san Miguel" o "corona angélica" es una oración poco conocida, a pesar de que ya en fecha 8 de agosto de 1851, fuese favorecido por el Papa Pío IX con algunas indulgencias.

En una aparición a la ilustre sierva de Dios, Antonia d´Astonaco en Portugal, pidió el Arcángel san Miguel que se compusieran en su honor nueve salutaciones, correspondientes a los nueve coros de los Ángeles, las cuales consistieran cada una en la recitación de un Padrenuestro y tres Avemarías. Prometió que quien le honrase de esta manera antes de la Sagrada Comunión, sería acompañado a la Sagrada Mesa por un ángel de cada uno de los nueve coros. Y quienes rezasen todos los días estas nueve salutaciones, les prometió además su asistencia y la de los santos ángeles durante su vida y que después de la muerte los libraría del Purgatorio a ellos y a sus allegados. Fuente: Aciprensa.

[12] El voto heroico consiste en una "donación de todas las obras satisfactorias, propias y participadas, tanto en vida como después de la muerte, a favor de las ánimas del purgatorio". Este es un ejemplo de voto heroico: "¡Oh, Padre celestial! En unión con los méritos de Jesús y de María te ofrezco por las almas del purgatorio todas las obras satisfactorias de mi vida entera y todas las que por mí se ofrezcan después de mi muerte, y estas obras las deposito en las purísimas manos de María Inmaculada, para que ella las aplique a las almas que, en su sabiduría y bondad maternal, quiera sacar del purgatorio. Dígnate, Dios mío, recibir y aceptar este ofrecimiento que hago por medio de María y dame la gracia de morir en tu amor. Amén".

[13] Indicaciones sobre las indulgencias, por parte de la penitenciaria apostólica:

1. El «Código de derecho canónico» (c. 992) y el «Catecismo de la Iglesia católica» (n. 1471), definen así la indulgencia: «La indulgencia es la remisión ante Dios de la pena temporal por los pecados, ya perdonados, en cuanto a la culpa, que un fiel dispuesto y cumpliendo determinadas condiciones consigue por mediación de la Iglesia, la cual, como administradora de la redención, distribuye y aplica con autoridad el tesoro de las satisfacciones de Cristo y de los santos».

2. En general, para lucrar las indulgencias hace falta cumplir determinadas *condiciones* y realizar determinadas *obras.*

3. Para lucrar las indulgencias, tanto plenarias como parciales, es preciso que, al menos antes de cumplir las últimas exigencias de la obra indulgenciada, el fiel se halle en *estado de gracia.*

4. La *indulgencia plenaria* sólo se puede obtener *una* vez *al día.* Pero, para conseguirla, además del estado de gracia, es necesario que el fiel:

    - tenga la disposición interior de un *desapego total del pecado, incluso venial;*

- *se confiese sacramentalmente* de sus pecados;
- *reciba la sagrada Eucaristía* (ciertamente, es mejor recibirla participando en la santa misa, pero para la indulgencia sólo es necesaria la sagrada Comunión);
- *ore según las intenciones del Romano Pontífice.*

5. Es conveniente, pero no necesario, que la confesión sacramental, y especialmente la sagrada Comunión y la oración por las intenciones del Papa, se hagan el mismo día en que se realiza la obra indulgenciada; pero es suficiente que estos sagrados ritos y oraciones se realicen dentro de algunos días (unos veinte) antes o después del acto indulgenciado. La oración según la mente del Papa queda a elección de los fieles, pero se sugiere un «Padrenuestro» y un «Avemaría». Para varias indulgencias plenarias basta una confesión sacramental, pero para cada indulgencia plenaria se requiere una distinta sagrada Comunión y una distinta oración según la mente del Santo Padre.

[14] Se refiere a las oraciones de la liturgia de las horas que se rezan aproximadamente a las 9.00, a las 12.00 y a las 15.00 horas, y que llevan por nombre: Tercia, sexta y nona.

Otros libros de interés

"¡¡Sáquennos de aquí!!"

María Simma con Nicky Eltz

Prólogo de María Vallejo-Nágera

Como dice en el prólogo María Vallejo-Nágera, autora de *Entre el cielo y la tierra. Historias curiosas sobre el purgatorio*: "No se puede ni imaginar el pedazo de gema cuasi-periodística que tiene en este momento entre las manos, querido lector. Si lo supiera se saltaría mi prólogo de sopetón, pues nada de lo que yo pueda adelantarle puede reflejar la aventura espiritual y el descubrimiento sobrenatural que le espera entre las líneas de este magnífico ensayo sobre la realidad de la existencia del purgatorio".

Más información en Amazon y en **www.didacbook.com**

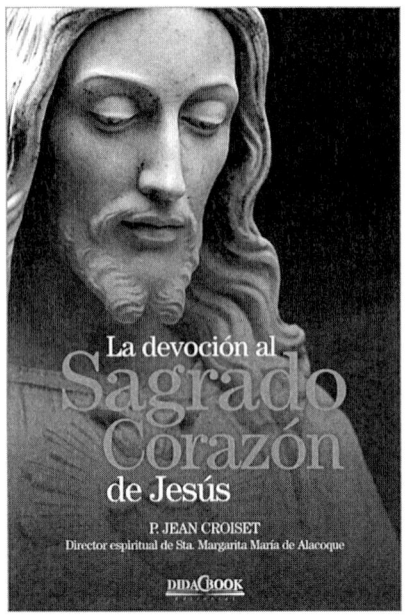

La devoción al Sagrado Corazón de Jesús
P. Jean Croiset
Director espiritual de Santa Margarita María de Alacoque

Por fin en castellano una versión actualizada de este clásico del siglo XVII que hasta ahora solo podía conseguirse como facsímil. Más de tres siglos después, se pone a disposición de todos los lectores una obra clave para comprender la importancia y la centralidad del Sagrado Corazón en la vida interior de los cristianos. Fue escrito por el sacerdote jesuita Jean Croiset, director espiritual de santa Margarita María de Alacoque (1647-1690).

Nuestra Señora de Kibeho
Immaculée Ilibagiza con Steve Erwin
Prólogo de María Vallejo-Nágera

La fama de Kibeho, en Ruanda, crece poco a poco; hasta este remoto pueblo africano llegan cada vez más peregrinos de todo el mundo para honrar a la Madre del Verbo, que es como se dio a conocer la Virgen en las apariciones que tuvieron lugar en la década de los 80. Tras varios años de estudio por las autoridades eclesiásticas, la Iglesia católica reconoció oficialmente que Nuestra Señora nos visitó realmente en este lugar, las primeras de toda África. La afamada escritora Immaculée Ilibagiza nos cuenta de primera mano una historia maravillosa, y en ocasiones dura, que llegará a conmover profundamente el corazón de los lectores.

Más información en Amazon y en **www.didacbook.com**

El chico que hablaba con Jesús

Immaculée Ilibagiza con Steve Erwin

Una gran historia nunca contada antes: la de un chico que hablaba con Jesús, y que se atrevía a hacerle las preguntas más inocentes, a la vez que le cuestionaba sobre los temas que más han preocupado a la humanidad desde los orígenes del tiempo. Su nombre era Segatashya. Era un pastor, analfabeto, que provenía de una familia pagana de una de las zonas más remotas de Ruanda. Nunca fue al colegio, ni tuvo una Biblia en sus manos ni pisó una iglesia… pero sus palabras nos llenarán de alegría y calor, y prepararán nuestro corazón para esta vida y para la futura que no tendrá fin.

Más información en Amazon y en **www.didacbook.com**